세상을 움직이는 소년 소녀

두 번째 이야기

가장 어두운 곳에서도 반짝반짝 빛나는 친구들

세상을 움직이는 소년 소녀
두 번째 이야기

이선경 글 | 이한울 그림

썬더키즈
thunder kids

작가의 말

앞선 작은 영웅 덕분에
세계 곳곳에서 반짝이게 된
숨은 영웅들을 만나 보세요

《세상을 움직이는 소년 소녀》 첫 번째 이야기의 작은 영웅들을 기억하나요?

전 세계에 '미래를 위한 금요일' 운동을 퍼트린 그레타 툰베리는 평범한 십 대 소녀에서 세계적인 기후 위기의 아이콘이 되었어요. 지구 곳곳을 누비며 기후 문제를 알리는 툰베리의 작은 걸음, 말 한마디가 많은 사람들의 주목을 받고 있지요.

또, 지난 도쿄 올림픽을 보다가 수영 선수 명단에서 유스라 마르디니의 이름을 발견하고는 얼마나 반가웠는지 몰라요. 나라를 잃은 사람들에게 희망을 주기 위해 목숨을 걸고 지중해를 건넜던 마르디니가 난민 팀 소속으로 두 번 연속 올림픽 출전의 꿈을 이룬 모습에 가슴이 벅차올랐답니다.

우리의 작은 영웅들은 이렇게 한 뼘 더 성장한 모습으로 문제 해결에 앞장서고 있지만, 그들은 여전히 부족하다고 말해요. 온 힘을 다해 노력하는데도 별로 달라진 것이 없다는 거예요. 기후 문제는 점점 더 심각해지고, 난민을 보는 시선은 여전히 불편하니까요.

하지만 두 번째 이야기의 주인공을 찾으면서, 아직 살아 있는 희망의 불씨를 발견할 수 있었습니다.

앞선 작은 영웅들에게서 좋은 영향을 받은 수많은 숨은 영웅들이 세계 곳곳에서 반짝이고 있었거든요. 그들은 하나같이 미래를 위한 행동에 주저하지 않고, 당당히 세상을 움직일 준비를 마쳤답니다.

세계 곳곳에서 작은 영웅들이 똘똘 뭉쳐서 희망의 불꽃을 쏘아 올린다면, 세상 그 무엇도 그들을 막을 순 없을 거예요. 그리고 우리의 미래도 분명 달라질 수 있지 않을까요?

끝으로 이 책을 읽는 여러분 또한 내 안의 숨은 영웅을 찾아보길 응원합니다.

이선경

차례

작가의 말 • 4

1. 사자를 미워하지 않는 방법 • 8
- 리차드 투레레

2. 비닐봉지 이젠 안녕! • 32
- 멜라티 위즌

3. 지구에서 가장 어린 은행장 • 56
- 호세 아돌포 키소칼라 콘도리

4. 평화를 위한 투쟁 • 78
- 아헤드 타미미

5. 물속에 든 납을 찾아라! • 100
- 기탄잘리 라오

6. 빨간 옷을 입은 소녀들 • 124
- 아미카 조지

이름: 리차드 투레레
국적: 케냐
주특기: 소, 양 돌보기
특명: 동물과 사람이 함께 사는 세상을 만들어라!

1
사자를 미워하지 않는 방법
- 리차드 투레레 -

> 저는 얼마 전까지만 해도
> 사바나 초원에서 소떼를 모는 소년이었습니다.
> 어릴 때부터 우리 부족의 소를 공격하는
> 사자를 미워하며 자랐습니다.
> 하지만 이제는 제가 발명한 사자불 덕분에
> 소와 사자를 모두 살릴 수 있게 되었습니다.
> 사자와 평화롭게 공존할 수 있어
> 얼마나 다행인지 몰라요.

_리차드 투레레

사자의 습격

"세상에! 늦잠을 자 버렸잖아!"

투레레는 이불을 박차고 일어나 맨발에도 아랑곳하지 않고 냅다 달렸어요. 거친 숨을 몰아쉬며 외양간에 도착한 투레레는 눈을 질끈 감았고, 코를 찌르는 짙은 피 냄새 때문에 계속 헛구역질을 했어요.

"오늘도 당하고 말았구나……."

커다란 자루를 손에 든 투레레의 아빠가 낮은 목소리로 말했어요.

외양간 바닥에는 소 한 마리가 입에 거품을 문 채 옆으로 쓰러져 있었어요. 몸에는 커다란 이빨 자국이 군데군데 나 있었고, 살점이 두둑한 가슴과 배는 모조리 찢겨 나간 모습이었어요.

'미안해, 늦게 와서 미안해.'

투레레의 눈물은 연신 뺨을 타고 흘러내렸어요. 이렇게 허무하게 잃은 소가 어느덧 열 마리에 달했어요. 이 모든 건 사자의 소행이었지요.

투레레가 사는 곳은 케냐의 나이로비 국립 공원 남쪽에 있는 마을이에요. 나이로비 국립 공원은 담장이 없다 보니, 얼룩말이나 사자 같은 동물들이 자유롭게 이동할 수 있었어요. 한밤중이 되면 사자가 마을로 내려와 외양간을 공격했고, 집집마다 소가 죽어 나가는 일이 잦았어요.

투레레 가족뿐만 아니라 케냐에 있는 마사이족에게는 소가 재산 1호나 다름없었어요. 그들이 기르는 동물과 동물을 몰고 다니는 땅 모두를 하늘이 내린 것이라 믿고 소중히 여겼지요. 그래서 사자의 습격은 마사이족에게 엄청난 고통과 상심을 안겨 주었어요.

사자에게 소를 잃어 너무 화가 난 투레레의 이웃은 담장을 넘어온 사자에게 총을 겨누기도 했어요. 하지만 사자를 함부로 죽이는 일은 법으로 금지되어 있었어요. 사자는 나이로비 국립 공원의 인기 스타인 데다 최근 사자의 수가 줄고 있어서 더욱 엄격하게 보호하고 있었거든요.

투레레 가족은 순서를 정해 한 명씩 차례로 밤새 외양간을 지키기로 했어요. 그런데 지난 새벽, 투레레는 밀려오는 졸음을 참지 못해 침대에서 잠시 눈을 붙인다는 게 그만 늦잠을 자고 말았던 거예요.

"사자가 미워요. 아빠."

"그래, 아빠도 정말 속상해."

깊은 한숨을 내뱉은 아빠는 익숙한 손길로 죽은 소를 치우기 시작했어요.

"이대로 소를 몽땅 잃게 되면 어떻게 살아야 하지? 사자한테 총을 겨누는 심정이 이해가 간다니까."

아빠가 혼잣말처럼 중얼거리는 소리에 투레레는 정신이 번쩍 들었어요. 사자가 정말 미웠지만, 사자의 목숨 또한 소중하다는 사실을 알고 있었거든요.

멋진 갈기를 휘날리며 초원을 누비는 사자에게 마음을 빼앗겼기 때문만은 아니었어요. 투레레는 아주 어릴 때부터 아빠를 따라 소떼를 몰고 깨끗한 풀과 물을 찾아다녔어요. 그러다가 사자나 표범 같은 야생 동물을 마주치는 일도 제법 있었어요. 투레레에게 동물들은 함께 자란 친구나 다름없었지요.

"소도 살리고 사자도 살리는 방법을 찾아보면 되지 않을까요?"

죽은 소를 자루에 담느라 땀을 뻘뻘 흘리는 아빠는 답이 없었어요. 투레레는 얼른 걸레를 가져와 바닥에 묻은 피를 닦았어요. 그리고 배에 잔뜩 힘을 주고 외쳤지요.

"더는 사자를 미워하지 않아도 될 방법을 찾고 말 거예요!"

투레레가 가장 아끼는 염소 무투가 어느새 다가와 투레레의 손등을 핥아 주었어요.

소도 살리고
사자도 살리고!

 일주일 뒤, 투레레는 외양간 한구석에 앉아 머리를 쥐어뜯었어요. 해결책을 찾겠다고 큰소리를 치고 나서 시도한 방법들이 모두 허탕을 치고 말았거든요.
 가장 먼저 생각한 것은 불이었어요. 사자가 불을 무서워할 거라고 생각한 투레레는 횃불을 여러 개 만들어 담장 곳곳에 두었지요. 하지만 횃불이 외양간을 환하게 밝혀 준 덕분에 사자들은 더 손쉽게 소를 해치울 수 있었어요.
 다음 아이디어는 정말 기대가 컸어요. 투레레는 외양간 구석에 높이 쌓인 짚을 보고 문득 허수아비가 떠올랐어요. 나뭇가지를 주워서 팔과 다리를 만들고 짚으로 얼굴과 머리를 꾸몄지요. 아빠의 낡은 옷과 모자까지 걸쳐 두니 그럴싸했어요.

밤이 찾아오고 울타리에 세워 놓은 허수아비가 바람을 타고 살랑살랑 움직이자 사자들이 냅다 줄행랑을 치지 뭐예요. 투레레는 마음속으로 환호성을 지르며 동이 트기만을 기다렸어요.

"드디어 찾았어요! 소도 사자도 지킬 수 있는 방법을 제가 찾았다고요!"

가족들은 물론 마을 사람들에게 사자를 완벽하게 속였다며 떠들고 다녔어요. 그날 밤 바로, 자신의 가벼운 입을 원망하게 될 줄은 꿈에도 모른 채 말이죠.

사자들은 생각보다 똑똑했어요. 다시 찾아온 사자 한 마리가 허수아비 앞에서 잠시 망설이는가 싶더니, 앞발로 흙먼지를 일으킨 다음 허수아비가 꿈쩍도 안 하는 걸 확인하고는 우리 안으로 돌진했어요. 먹잇감을 발견한 사자가 커다란 이빨을 드러내자, 숨죽여 지켜보던 투레레는 놀라 자빠지고 말았어요. 그 바람에 한데 모아 둔 농기구들이 넘어지면서 우당탕 요란한 소리를 냈고, 깊은 잠에 빠져 있던 소들을 깨웠지요. 소들이 큰 울음소리를 내자 사자는 발길을 돌리는 듯했어요.

투레레가 놀란 가슴을 쓸어내리는 그때, 잔뜩 화가 난 사자가 아쉬움을 달래듯 무투를 물고 달아나 버렸어요.

"무투야! 안 돼!"

멀어지는 무투를 향해 소리쳐 봤지만 소용없었어요. 투레레는 아무

것도 할 수 없는 자신이 한없이 미웠어요.

다음 날, 요란한 사이렌 소리가 온 마을에 난데없이 울렸어요. 투레레 집 건너에 있는 삼촌 집으로 경찰이 찾아온 거였어요. 투레레는 외양간에 있던 소가 전부 사자의 먹이가 되었다며 좌절하던 삼촌이 경찰을 따라가는 모습에 큰 충격을 받았어요.

"아빠, 대체 삼촌이 무슨 잘못을 한 거예요?"

"화를 참지 못했나 봐. 고기에 독극물을……."

아빠는 더 이상 말을 잇지 못했어요. 하지만 다음 이야기를 충분히 짐작 할 수 있었지요. 삼촌은 사자를 그냥 둘 수 없어 고기에 독을 발라 사자가 오기만을 기다렸고, 때가 되어 나타난 사자는 의심 없이 고기를 먹고 죽은 거예요.

이 사건은 곧장 케냐 뉴스를 뒤덮었어요. 마사이족은 무자비하게 사자를 죽이는 잔인한 부족이라며 세상의 손가락질을 받아야 했지요. 마을 사람들은 억울했어요. 그러나 다들 이러지도 저러지도 못하고 마음의 분노만 커질 뿐이었죠.

'우리 마사이족의 명예와 생계가 걸린 일이야. 하루빨리 해법을 찾아야 해!'

투레레는 마음이 급했어요. 시간은 야속하게도 빠르게 흘러갔지요.

불을 든 소년

투레레는 그날 이후 매일 밤 졸음과 사투를 벌이며 외양간을 지켰어요. 사자를 더 세심하게 관찰하기 위해 순찰 당번을 자처했지요. 사자가 본격적으로 움직이는 시간이 다가오자, 투레레는 햇불을 들고 외양간 주위를 걸었어요.

"사자야, 널 미워하지 않게 도와줘! 제발, 제발……."

간절하게 속삭이던 그때, 수풀 사이로 사자의 발소리가 들렸어요. 투레레는 햇불을 더욱 높이 들고 소리가 나는 쪽으로 걸어갔어요. 그런데 웬일인지 사자들이 덤비질 않고 발길을 돌리는 거예요.

'어라? 사자들이 움직이는 불을 무서워하네?'

캄캄했던 머릿속에 자그마한 불이 탁 하고 켜지는 순간이었어요.

다음 날, 투레레는 아침 일찍부터 쓰레기장을 뒤졌어요. 그러고는 자동차 부품, 깨진 손전등 따위를 주워 들고 집으로 돌아왔어요.

투레레는 어릴 때부터 온갖 고물을 분해해 새로운 물건을 만드는 일을 좋아했지요. 한번은 누나가 어렵게 마련한 중고 라디오를 멋대로 분해했다가 크게 혼난 일도 있었죠. 덕분에 전자기기를 다루는 법에 익숙했어요.

이번엔 사자들을 속일 움직이는 불을 만들 셈이었어요. 깨진 손전등에서 쓸 만한 전구들을 추려 오래된 자동차 배터리에 연결했더니

전구에 희미하게 불이 들어왔어요. 이제 이 불빛을 움직이게 하는 방법을 찾아내야 했어요.

'전구를 껐다 켰다 반복할 수 있는 스위치가 필요한데, 어디서 구할 수 있을까?'

투레레는 쓸 만한 물건을 찾아 집 안 곳곳을 뒤졌어요. 그 모습을 본 아빠가 말했어요.

"투레레, 그럴 시간에 낮잠을 자 두는 게 낫지 않을까?"

"사자를 물리칠 좋은 방법이 생각났어요. 이번엔 진짜예요!"

가족들은 몇 번이나 허탕을 친 투레레를 믿어 주지 않았어요. 아빠

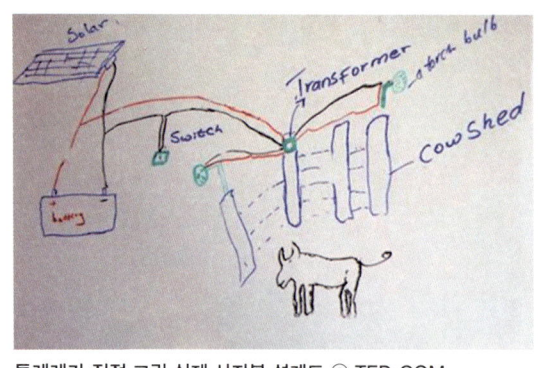
투레레가 직접 그린 실제 사자불 설계도 ⓒ TED.COM

역시 고개를 절레절레 가로 젓더니, 잠시 시내에 다녀오겠다며 오토바이에 올라탔어요. 요란한 시동 소리가 들리더니, "깜빡깜빡" 방향 지시등 소리가 이어졌어요.

그 순간 투레레의 눈빛이 다시 반짝였어요.

"왜 이 생각을 못 했지? 고마워요, 아빠!"

투레레는 곧장 마을의 쓰레기장을 모두 뒤졌어요. 온갖 쓰레기와 오물을 뒤집어쓴 끝에, 방향 지시등을 껐다 켰다 하는 스위치를 손에 넣을 수 있었지요.

필요한 재료들을 한데 모은 투레레는 손과 머리를 바삐 움직였어요. 전구와 스위치를 연결하는 설계도를 그리기 위해 며칠 밤을 씨름했지요. 열한 살 인생에서 가장 어려운 퍼즐을 만난 기분이었어요.

불을 오랫동안 밝히기 위해 지붕에 설치된 태양광 패널을 이용하기로 했어요. 태양광 패널의 전선과 배터리를 연결해 전구를 밝히고, 스위치를 이용해 전구들이 차례로 켜지게 했어요.

사자들이 오는 길목에 여러 개의 전구를 길게 이어 놓았어요. 번쩍거리는 불빛이 외양간 주위를 돌고 있는 횃불처럼 보이길 바랐거든요. '사자불'이란 이름도 붙여 주었어요. 소와 사자의 희생 없이 마사이족의 평화를 되찾아야 한다는 절실한 마음을 담았어요.

사자불의 탄생

 또다시 깜깜한 밤이 찾아왔어요. 투레레는 잠잘 준비를 하던 부모님과 누나를 외양간으로 끌고 나왔어요. '사자불'의 성공을 지켜보라며 큰소리를 쳤지요. 몇 번이나 긴 하품을 하던 누나가 말했어요.
 "얘한테 속은 게 벌써 몇 번째죠? 그냥 들어가서 자면 안 될까요?"
 엄마도 졸린 눈을 부비며 고개를 끄덕였어요. 아빠가 눈을 부릅뜨며 말했어요.
 "혹시나 외양간을 홀랑 태워 버리면 어떡해. 뭘 어떻게 하나 지켜보자고."
 투레레는 가족들이 투덜대는 소리에도 아랑곳없이 준비를 마쳤어요. 수십 번 연습한 만큼 익숙했거든요. 한 손에 스위치를 들고 기적의 순간을 기다렸어요. 그 모습을 힐끗 보던 누나가 말했어요.

"사자들은 우리 생각보다 훨씬 영리해. 이건 미친 짓이라고!"

"조금만 기다려 봐! 곧 놀라게 될 테니까."

그때 아빠가 남매의 입을 막으며 속삭였어요.

"조용히 해! 사자 숨소리가 들리는 것 같아."

어느새 사자 한 마리가 나타나 외양간을 지켜보고 있었어요. 커다란 입을 벌렸다 닫았다 하는 모습이 무시무시했지요.

투레레는 간절한 마음을 담아 스위치를 꾹 눌렀어요. 사자불이 차례차례 켜지기 시작했지요. 사자의 눈동자가 불빛이 켜지는 방향을 따라 움직였어요. 그 모습을 지켜보는 투레레의 심장 소리가 어찌나 큰지 사자에게 들릴까 봐 조마조마했어요. 그렇게 오 분 정도 시간이 흘렀을까요? 불빛을 따라 두세 발자국 움직이던 사자가 별안간 휙 뒤돌아서더니 힘찬 질주를 시작했어요. 그리고 순식간에 어둠 속으로 사라져 버렸지요.

"사자가 진짜 도망가네? 투레레 말이 진짜였어!"

누나가 가장 먼저 소리쳤어요.

"잘했어! 네가 해낸 거야, 투레레!"

가족들은 서로 부둥켜안고 기뻐했어요. 투레레는 가슴이 터질 것만 같았지요. 하지만 이대로 안심할 순 없었어요.

"두 번은 안 속을지도 몰라요. 당분간은 계속 지켜봐야 해요!"

투레레는 그날 밤도 다음 날 밤도 외양간에 숨어 사자를 기다렸어

마을 외양간에 사자불을 설치한 모습
ⓒ Paula Kahumbu

요. 사자불의 성공은 계속됐지요. 마침내 사자들이 투레레 집에 발길을 끊었어요. 하지만 투레레는 아직 할 일이 남아 있었어요.

"사자를 다치지 않게 하고 소를 지킬 수 있는 방법이 있어요! 저를 한 번만 믿어 주세요!"

투레레는 마을 사람들을 찾아다니며 사자불을 설명했어요. 다들 믿지 않는 눈치였지요. 투레레는 끈질기게 설득했어요. 마침내 이웃에 사는 할머니가 사자불을 설치하게 되었고, 덕분에 마을 사람 모두가 사자불의 위력을 두 눈으로 확인할 수 있었어요. 이웃들은 앞다투어 투레레를 찾기 시작했지요.

"왜 진즉 이 방법을 생각 못 했지? 사자를 죽여야만 해결된다고 생각했던 어른들이 부끄럽구나."

"이제는 매일 밤 발 뻗고 잘 수 있겠어. 투레레 정말 대단해!"

집집마다 설치한 사자불은 모두의 밤을 든든하게 지켜 주었어요. 외양간의 소들도 걱정 없이 밤잠을 이룰 수 있었죠. 사자와 소는 물론 마사이족까지 마침내 모두가 평화롭게 지낼 수 있게 된 거예요.

 놀라운 일은 이게 다가 아니었어요. 투레레의 멋진 아이디어가 케냐 곳곳에 빠르게 전해졌어요. 덕분에 사자뿐만 아니라 하이에나와 표범의 습격으로 피해를 입는 많은 사람들을 도울 수 있었지요. 코끼리 떼가 찾아와 농작물을 밟는 바람에 골치를 썩던 농장에서도 큰 효과를 거두었어요.

 동물에게 어떤 고통도 주지 않고 문제를 해결하겠다는 투레레의 바람은 그렇게 세상을 움직이고 있답니다.

반가워, 투레레!

Q 소와 사자뿐만 아니라 사람들까지 모두 살린 '사자불'의 성공을 축하해! 그 이후 사자의 습격은 없었어?

A. 물론이야! 사자불이 아직 유용하지만, 다음 대비책으로 전기 울타리를 연구하고 있어. 농장에서 쓰는 전기 울타리가 이미 있지만, 설치하는 데 돈이 많이 들어서 가난한 원주민들은 엄두도 못 내거든. 이번에도 고물을 이용해서 만드는 중인데, 얼마 전에 감전 사고를 내는 바람에 잠시 중단했어. 하지만 나에게 포기란 없는 거 알지? 꼭 나만의 전기 울타리를 만들고 말 거야.

Q 어떻게 여러 번 실패하면서도 포기하지 않았어? 해낼 거라는 믿음이 있었어?

A. 나는 일곱 살 때부터 소를 돌봤어. 내 목숨처럼 소중한 소를 잃는 게 너무 괴로웠기 때문에 한시라도 빨리 대책을 세워야 한다는 마음뿐이었어. 물론 허수아비가 해법이라고 착각해 동네방네 소문을 냈다가 망신을 당했을 때는 너무 창피했지만 그렇다고 생각을 멈출 수는 없는 거잖아. 시험에서 좋은 성적을 내지 못했다고 공부를 포기할 수 없는 것처럼 말이야.

Q 과거 마사이족은 사자 사냥으로 유명했잖아. 지금은 사냥을 하지 않는 게 맞아?

A. 마사이족은 먼 옛날부터 초원에서 동물들과 어울려 살았어. 용맹함을 과시하기 위해 사자 사냥을 해 왔지. 멸종 위기를 맞은 사자를 보호하기 위해 더 이상 사냥을 하지 않아. 그런데 사자가 우리 마사이족의 재산 1호인 소를 공격해 왔을 때는 마땅한 방법을 찾지 못해 사자에게 총을 겨누기도 했지. 지금은 사람과 동물이 함께 살 수 있길 바라며 지혜를 모으고 있어.

초원에서 풀을 뜯고 돌아오는 소와 염소를 마중 나온 마사이족 사람들 ⓒ 유최늘샘

Q 투레레의 미래가 정말 기대되는걸? 앞으로 무엇을 이루고 싶어?

A. 어릴 때부터 소떼를 몰다가 머리 위로 날아가는 비행기를 보면, 언젠가는 비행기를 타 보고 싶다고 막연히 생각했어. 그런데 사자불이 유명해지면서 저 멀리 미국에서 나를 초청했고, 처음으로 비행기를 타게 됐지. 나는 어마어마한 비행기 엔진 소리에 반하고 말았어. 그래서 비행기 엔지니어가 되기로 결심했어. 고물로 조립한 내 첫 비행기가 사바나 초원에 날아오를 날을 기대해!

인간과 동물이 함께 살아가는 법

인간의 이기심으로 고통받는 동물

지난 20년 동안 아프리카의 야생 동물 수가 크게 줄었어요. 돈에 눈이 먼 사람들의 이기심 때문에 야생 동물을 불법으로 포획하고 판매하기 때문이에요.

상아 채취를 위해 희생당한 코끼리
© Paula Kahumbu

인간의 끝없는 욕심은 동물도 사람과 똑같이 고통을 느끼는 생명체라는 사실마저 잊게 해요. 동물을 보고 즐기기 위해 애완용으로 만들거나 건강에 좋다는 이유로 식재료로 활용하는 것 모두 동물을 괴롭히는 일이에요. 아프리카에서는 약과 공예품을 만들기 위해 코끼리나 코뿔소를, 옷이나 가방을 만들기 위해 악어를 무분별하게 사냥해요.

멸종 위기의 야생 동물을 살려라!

모든 생물은 서로 먹고 먹히거나 도움을 주고받는 관계로 얽혀 있기 때문에 어느 한 종이 멸종하면 또 다른 종이 멸종될 수 있어요. 사람

멸종 위기에 처한 야생 동식물종의 국제거래에 관한 협약(CITES) 총회 모습 ⓒ CITES

도 생물의 한 종이기 때문에 결국 영향을 받게 되지요. 우리가 사랑하는 바다거북, 펭귄, 물개 같은 바다 동물과 사자, 호랑이, 코끼리, 여우 같은 야생 동물이 멸종 위기에 있어요. 사람들의 무분별한 사냥 말고도 심각한 지구 온난화와 환경 오염 등으로 동물의 서식지가 줄고 있기 때문이에요. 국제 사회는 동물 멸종을 막기 위해 '멸종 위기 종'을 지정하여 보호하는 등 많은 노력을 하고 있어요.

우리나라에는 어떤 야생 동물이 살까?

호랑이, 곰, 표범, 토끼, 여우, 꿩과 같은 야생 동물 많았지만, 안타깝게도 지금은 대부분 찾아보기 힘들어요. 일제 강점기 때 야생 동물을 무자비하게 죽이고 포획했고, 이후에는 경제 개발을 이유로 자연 파괴와 환경 오염이 끊이지 않았던 우리 탓이죠.

그래서 우리나라도 '멸종 위기 동물'을 법으로 지정해 각별히 보호하고 있어요. 그중에 가장 많은 관심을 받고 있는 동물이 반달가슴곰이에요. 한때 곰의 쓸개를 찾는 사람들 때문에 개체수가 급격히 줄어 멸종 직전에 이르렀고, 지금은 매우 적은 수만 남아 있어 반달가슴곰 복원에 힘쓰고 있어요.

2
비닐봉지 이젠 안녕!
- 멜라티 위즌 -

> 숨을 깊이 들이마시고 내뱉어 보세요.
> 우리가 이렇게 들이마시는 공기의
> 70%는 바다에서 옵니다. 그런데 바다가 비닐과
> 플라스틱 쓰레기로 오염되고 있어요.
> 이를 그냥 보고만 있을 건가요?
> 비닐봉지가 없어지면 세상이
> 달라집니다.

_멜라티 위즌

바다거북의 눈물

"언니, 여기 좀 봐! 바위 사이에 바다거북이 있어!"

이사벨이 목소리를 높여 언니 멜라티를 불렀어요. 하얀 모래밭에 앉아 모래성을 쌓던 멜라티는 재빨리 손을 멈추고 달려갔어요. 바다거북이 사람 많은 해변까지 나왔다니 불길한 예감이 스쳤거든요.

바다거북은 목을 앞으로 쭉 뺀 채 겨우 숨을 헐떡거리고 있었어요.

"몸을 잘 못 가누는 것 같아. 파도에 밀려서 여기까지 온 게 분명해. 이사벨, 빨리 구조대를 불러!"

"가까운 가게에 가서 구조 요청을 부탁할게."

이사벨이 부리나케 달려가는 동안 멜라티는 바다거북에게 조심스럽게 다가갔어요. 아주 느리게 껌뻑이는 바다거북의 눈동자는 빨갛게

충혈되어 있었고, 온몸은 뜨거운 햇볕에 빠르게 말라 가고 있었어요. 멜라티는 가슴이 찌르르 아파 왔어요.

잠시 뒤 구급차와 함께 동물 구조대가 도착했어요. 구조대원들은 능숙하게 바다거북의 입을 벌려 안을 들여다보았어요.

"이런, 비닐봉지가 목구멍에 걸린 모양이구나. 해파리로 착각하고 삼켰을 거야. 비닐봉지 때문에 제대로 숨도 못 쉬고 물도 못 삼켰겠어."

멜라티는 목구멍에 커다란 생선 가시가 걸렸다고 상상하면서 천천히 침을 삼켜 보았어요. 목구멍이 뻐근해지면서 머리카락이 쭈뼛 서는 기분이었어요.

구조대원은 핀셋을 손에 들고 바다거북의 입속으로 서서히 손을 넣었어요. 통증 때문인지 바다거북은 긴 신음을 내뱉었어요. 몸이 한 번 꿈틀하더니 시커먼 비닐봉지가 핀셋에 딸려 나왔어요. 거북의 눈에선 눈물이 또르르 흘렀어요. 그 모습을 지켜보던 멜라티와 이사벨은 서로 잡고 있던 손을 더 꽉 움켜쥐었어요.

"그래도 너희들 덕분에 빨리 처치할 수 있어서 다행이야. 동물의료센터로 데려가서 마저 치료하고 바다로 안전하게 돌려보낼게. 너무 걱정 안 해도 돼."

구조대원은 자매를 안심시킨 다음 서둘러 바다거북을 구급차로 옮겼어요. 멜라티는 구급차가 출발하는 모습을 바라보며 얼마 전에 본 뉴스가 떠올랐어요.

인도네시아 어느 바다에서 죽은 채 발견된 고래의 배 속에서 백 개

발리 앞바다에서 구조된 바다거북
ⓒ 연합뉴스

가 넘는 플라스틱 컵과 수십 장의 비닐봉지 뭉치가 나왔다는 끔찍한 이야기였어요.

인도네시아는 바다 쓰레기가 세계에서 두 번째로 많은 나라예요. 다른 나라에서 버린 쓰레기들이 해류를 따라 수천 킬로미터 거리를 이동해 인도네시아까지 오기도 하고, 사람들이 버린 쓰레기들이 강과 하천을 따라 바다까지 흘러들었지요.

"언니, 아름답던 발리는 이제 쓰레기장이 되는 걸까?"

이사벨은 바다거북이 있던 곳을 한없이 바라보던 멜라티에게 물었어요. 무언가를 골똘히 생각하던 멜라티는 한숨을 내쉰 뒤 입을 뗐어요.

"지금 발리를 바꾸지 않으면 너무 늦을지도 몰라. 어른이 될 때까지 기다릴 수는 없어!"

멜라티는 이미 뭔가 결심한 듯했어요.

잘 가, 비닐봉지!

"사장님, 비닐봉지를 안 쓰겠다고 저희랑 약속한 가게가 이 마을에서만 벌써 열 군데가 넘어요. 호텔들도 참여하고 있고요. 사장님도 쓰레기 옆에서 일광욕하느라 불쾌하셨다면서요?"

"녀석 참, 그래도 손님들이 생선이나 고기를 담아 가려면 비닐봉지가 있어야 하지 않겠니?"

"손님들도 처음엔 조금 불편하겠지만 점점 장바구니에 익숙해질 거예요."

멜라티는 벌써 사흘째 사장님을 설득하는 중이었어요. 비닐봉지 쓰레기 때문에 골치 아프다면 비닐봉지를 쓰지 않도록 해야겠다고 생각했거든요. 마을 가게들을 일일이 찾아다니며 설명하고 있었어요.

"장바구니를 안 가져오는 손님은 어떡하라고?"

"동네 아주머니들이 호텔의 낡은 침대 시트나 헌 옷감으로 만든 튼튼하고 예쁜 장바구니가 있어요. 이곳에서 저렴하게 팔 수 있도록 연결해 드릴게요!"

"허허허, 어린애가 좋은 일에 나선다는데 안 된다고 할 수도 없고……. 그래, 한번 해 보마!"

"정말요? 사장님, 감사합니다! 가게 홍보도 많이 해 드릴게요!"

사장님의 허락이 떨어지자 멜라티는 준비한 분홍색 스티커를 가게 유리문 앞에 붙였어요. '우리 가게는 비닐봉지를 쓰지 않습니다.'라는 문구가 적혀 있었어요. 가게 사진을 찍어 SNS에 홍보하는 일까지 착착 진행되었어요. 이것이 바로 멜라티와 이사벨이 시작한 '바이바이 플라스틱 백' 캠페인이에요.

멜라티를 돕는 친구들도 점점 늘어났어요. 자매와 친구들은 재활용 장바구니를 만들어 활용하는 영상을 유튜브에 올리고 비닐봉지를 들고 있는 관광객에게 다가가 친환경 장바구니를 사용하도록 부탁하기도 했어요. 발리의 모든 호텔과 상점, 음식점에서 비닐봉지를 쓰지 않게 되는 날을 꿈꾸면서요.

방과 후에는 다 같이 발리 해변을 청소하기도 했어요. 몇몇 친구들은 멜라티에게 마음의 상처를 주고 돌아가는 일도 많았지요.

"에잇, 옷만 더럽혀지고! 나 안 할래!"

"엄마가 몰려다니지 말고 집에서 공부나 하라고 해서. 난 그만……."

발리 해변에서 아이들과 마을 주민들이
쓰레기를 치우는 모습
© BBPB

"쓰레기는 날마다 불어나는데, 우리가 아무리 열심히 청소해 봤자 무슨 소용이 있어?"

어른들도 하지 않는 일을 왜 우리가 나서서 하냐는 불평도 있었어요. 그럴 때마다 멜라티는 눈물을 흘리던 바다거북 이야기를 들려주며 친구들을 설득했어요. 멜라티는 돈도 힘도 없었지만 해낼 수 있다는 의지만큼은 단단했으니까요.

그렇게 일 년 사이 발리 곳곳에서 만 명이 넘는 친구들이 모였어요. 그들이 하루 동안 발리 해변에서 치운 쓰레기는 1톤 트럭 65대를 채울 정도로 어마어마했지요. 하지만 멜라티의 걱정은 끝나지 않았어요.

"멜라티, 낼모레 폭우가 쏟아진대."

한 친구가 검은 하늘을 바라보며 말했어요.

"그럼 해안으로 밀려오는 쓰레기가 더 늘어날 텐데, 어쩌지? 안 그래도 버려진 쓰레기가 부쩍 늘어서 다들 힘들어 하는데……."

당시 발리는 비가 많이 오는 우기였거든요. 우기가 되면 평소 거리와 하천에 버려져 있던 쓰레기들이 빗물에 휩쓸려 바다로 떠내려와요. 쉬지 않고 내리는 비 때문에 쓰레기들을 건지기 어려울 뿐만 아니라, 건졌다고 해도 다시 말려서 분류하는 작업이 평소보다 서너 배는 힘들어요.

친구들이 해변의 쓰레기와 사투를 벌이는 모습을 바라보던 멜라티에게 좋은 생각이 떠올랐어요.

"비닐봉지를 아예 사용하지 못하게 할 순 없을까?"

아름다운 발리를 다시 볼 수 있다면

얼마 뒤, 멜라티와 이사벨 자매는 발리 공항의 출국장으로 갔어요. 발리를 떠나려는 사람들로 붐비는 곳이었지요.

"서두르자. 우리 뜻을 전달하고 서명을 꼭 받아야 해!"

멜라티는 비닐봉지 사용을 금지하는 법안이 반드시 필요하다고 생각해 백만 명의 서명을 모아서 정부에 건의할 계획을 세웠어요. SNS를 통해 발리 사람들의 서명을 받았지만, 목표한 숫자에는 한참 모자랐지요. 여러 방법을 고민한 끝에 외국인들에게도 서명을 받아야겠다고 생각했어요. 발리 공항에 드나드는 사람이 한 달에 1,600만 명 정도라는 이야기를 듣고 무작정 이곳까지 온 거예요.

멜라티와 이사벨은 출국장 한편에 테이블을 설치하고 서명을 받을 종이와 펜을 준비했어요. 이제 사람들에게 '바이바이 플라스틱 백' 캠페인을 설명할 차례였지요. 외국인 무리를 향해 발길을 떼려는 순간, 누군가 자매를 향해 다가오고 있었어요.

"여기서 무슨 짓을 하는 거죠?"

공항 직원들이었어요. 멜라티는 허가를 받지 못한 실수를 사과하며 캠페인의 취지를 설명했어요. 하지만 직원들은 이곳 발리 공항에서 아이들에게 공간을 내준 사례가 없다며 당장 나가 달라고 명령했어요.

"한 번만 허락해 주세요. 깨끗한 발리를 되찾기 위해서는 많은 사람들의 서명이 꼭 필요해요!"

멜라티는 물러설 수 없었어요. 진심을 다해 호소했지요.

"무심코 버리는 쓰레기 때문에 바다 생물이 눈물을 흘리고 있어요. 썩지 않는 비닐봉지가 바다 생물을 죽이고 있다고요!"

하지만 직원들은 꿈쩍도 하지 않았고 테이블을 치우기 시작했어요. 자매가 끌려 나갈 위기에 처한 모습은 발리 공항에 있는 사람들의 구경거리가 되고 말았어요. 그때였어요.

"아름다운 발리 바다를 다시 볼 수 있다면 내가 서명하겠소!"

한 노신사가 외쳤어요. 그러자 이 소동을 지켜보고 있던 다른 사람들도 서명에 동참하려고 하나둘 모여들기 시작했어요.

"서핑을 하려고 발리까지 왔는데 해변에 쓰레기만 가득한 모습은 정말 실망이었어요."

"우리나라에서는 이미 비닐봉지 사용을 금지하고 있어요. 발리도 꼭 동참했으면 좋겠네요!"

발리에서 쓰레기 문제의 심각성을 경험한 많은 외국인들이 이 캠페인을 응원했어요.

공항 직원들은 더 이상 멜라티와 이사벨, 그리고 이 많은 사람들을 말릴 수 없어 이들을 모른 척해 주었어요. 오히려 다른 직원들을 잔뜩 데려와 서명에 동참하기도 했지요.

마침내 백만 명의 서명을 모두 받게 된 멜라티는 주지사 공관으로 향했어요. 발리에서 가장 높은 사람이라면 이 문제를 가장 빨리 해결할 답을 알고 있을 거라 생각했거든요. 실제로 이미 마흔 개가 넘는 나라에서 비닐봉지 사용을 금지하고 있었기 때문에 발리도 비닐봉지를 없앨 수 있을 거라고 믿었어요.

하지만 주지사 공관 문턱을 밟기도 전에 멜라티의 기대는 무너지고 말았어요. 복잡한 과정을 거쳐 어렵게 담당 공무원을 만났지만 정부의 정책을 쉽게 바꿀 수 없다는 말만 돌아왔지요. 주지사와 약속을 잡으려면 일 년은 더 기다려야 하고, 어린아이를 만나 줄지도 알 수 없다고 했어요. 어른들의 세계는 참 복잡한 절차로 얽혀 있다는 사실을 깨닫기까지 시간만 야속하게 흘러갔어요.

간디의 정신을 본받아

'발리 주지사에게 하루빨리 내 뜻을 알릴 특별한 방법이 필요해!'

멜라티는 며칠 동안 고민한 끝에 간디를 떠올렸어요. 몇 년 전 부모님과 인도 여행을 갔을 때 간디가 살았던 집을 방문했던 기억이 났거든요. 간디는 평생 비폭력 독립운동을 하며 자신의 뜻을 알리기 위해 수차례 단식을 했어요. '나도 단식 투쟁을 할 수 있을까?' 멜라티가 망설이고 있을 때 이사벨이 함께하겠다고 나섰어요. 뜻을 모은 자매가 가장 먼저 넘어야 할 산은 부모님이었어요.

멜라티의 부모님은 언제나 딸들을 지지했지만 이번엔 달랐어요. 아직 어리기 때문에 건강을 해칠 수 있다며 반대했어요. 하지만 자매는 이대로 물러설 수 없었지요. 부모님을 끈질기게 설득했고, 마침내 부모님은 영양사를 먼저 만나 보자고 제안했어요. 영양사를 만나 건강 문제를 의논한 결과, 단식 시간을 조금 조정하기로 했어요. 어른처럼 하루 온종일 굶는 대신 해가 뜬 순간부터 해가 지기 직전까지만 단식을 하기로 했어요.

단식 첫날, 멜라티와 이사벨은 아침밥을 거르고 학교에 갔고, 선생님과 친구들 앞에서 선언했어요.

"우리는 발리 주지사를 만날 때까지 물 말고는 아무것도 먹지 않겠습니다."

그러나 자매의 단식을 믿는 친구들은 별로 없었어요.

"그렇게 한다고 바쁜 주지사가 우리 같은 어린애를 만나 줄 것 같아?"

여기저기서 비웃는 소리도 들려왔지요.

"단식 투쟁이라니! 정부 인사를 만나려거든 좀 더 성숙하게 행동하렴!"

선생님의 걱정 섞인 잔소리에도 자매는 꿋꿋이 버텼어요. 자매의 단식을 지지하는 친구들도 조금씩 늘어났어요. 응원을 담은 편지나 선물을 건네며 용기를 주기도 했지요.

하지만 더 큰 문제가 벌어졌어요. 학교로 경찰이 찾아온 거예요.

"주민 신고가 들어왔습니다. 이 학교에서 아동 학대가 벌어지고 있다는데 무슨 일이죠?"

경찰은 자매에게 어른들이 시킨 일이 아니냐고 몇 번이고 물었어요. 이러다 감옥에 갈 수도 있다고 했어요. 경찰 출동으로 멜라티와 이사벨은 학교에서 유명 인사가 되었어요. 자매 이야기는 친구들의 SNS를 타고 삽시간에 발리 전역으로 퍼져 나갔지요.

단식 셋째 날이었어요. 자매는 마침내 발리 주지사의 부름을 받았어요. 멜라티는 근엄한 표정의 주지사 앞에서도 주눅 들지 않고 힘주어 말했어요.

"발리의 심각한 쓰레기 문제를 해결하기 위해서 정부는 무얼 하고 있나요? 저희 십 대들은 이미 발리에서 비닐봉지를 없애자는 목표를 세우고 노력하고 있어요. 정부에서도 적극적인 노력을 하겠다고 약

비닐봉지가 없는 발리를 만들겠다는
각서에 서명하는 발리 주지사 ⓒ BBPB

속해 주시고 주지사님이 서명도 해 주세요."

주지사의 답을 기다리는 멜라티의 눈가가 파르르 떨렸어요.

"나도 그 모임에 들어갈 수 있을까? 발리 쓰레기 문제 때문에 고민이 많거든."

주지사는 환한 웃음으로 멜라티 자매에게 악수를 청했어요. 비닐봉지 유료화 정책을 약속하는 공식 문서에 서명도 했어요.

멜라티와 이사벨은 주지사 공관을 나오자마자 손뼉을 치며 좋아했어요.

얼마 지나지 않아 발리 정부는 칠백 명의 청소부와 서른다섯 대의 트럭을 동원해 발리 해변을 대대적으로 청소했어요. 그리고 비닐봉지 사용 금지를 위한 첫걸음으로 비닐봉지 유상 판매 정책을 선언했어요. 발리의 쓰레기 문제가 완전히 해결되기까지 앞으로 많은 시간이 걸릴 거예요. 하지만 머지않아 아름다운 발리를 되찾기를 고대하며 멜라티는 오늘도 해변을 청소한답니다.

반가워, 멜라티!

Q '바이바이 플라스틱 백(BBPB)' 캠페인은 이제 세계적인 프로젝트로 성장했지?

A. '바이바이 플라스틱 백(BBPB)'은 글자 그대로 플라스틱 특히 비닐봉지를 사용하지 말자는 뜻을 담고 있어. 발리 말고도 전 세계에 50여 개의 지부를 가진 NGO 단체가 되었지. 해변에서 플라스틱을 수거하는 행사나 쓰레기를 재활용하는 여러 행사를 벌이고 있어. 그리고 무엇보다 교육이 가장 중요하다고 생각해서 기회만 되면 학교를 찾아가 강의를 하고 교육용 책자를 만들어 배포하고 있어.

해변에서 플라스틱 수거 행사를 하고 찍은 사진 ⓒ BBPB

Q 비닐봉지 금지 캠페인은 어떤 효과가 있을까?

A. 비닐봉지 몇 장 사용하지 않는다고 해서 세상이 얼마나 달라질까 궁금하지? 첫째, 바다 쓰레기가 줄어 바다 생물이 편히 살 수 있어. 둘째, 비닐봉지를 덜 태우는 만큼 지구온난화를 막는 일에 도움이 돼. 셋째, 비닐봉지 대신 쓸 장바구니를 만들기 위해 버려진 옷이나 천 등

을 재활용할 수 있어. 실제 내가 사는 마을에서는 호텔의 낡은 침대 시트로 장바구니를 만들어 지역 상점에서 팔고 있어. 환경뿐 아니라 경제적으로도 도움이 되는데 굳이 비닐봉지를 사용할 필요가 있을까?

Q 이 모든 걸 열두 살에 시작했다니 놀라워! 세계가 주목하는 환경운동가가 된 기분이 어때?

제주도에서 열린 세계리더스보전포럼에 참석한 멜라티 위즌
ⓒ IUCN

A. 문제를 해결하는 것이 어른만의 몫이라고 생각했다면 시작도 못했을 거야. 얼마 전 동생 이사벨과 함께 유엔 총회에서 초청 연설을 했고, 환경단체 리더로 초청을 받아 제주도를 다녀왔어. 어른들이 어린 세대의 말에 귀 기울여 준다는 것만으로도 굉장한 보람을 느꼈어. 요즘 한국에서도 플라스틱 안 쓰기 운동이 펼쳐지고 있다니 정말 다행이야. 푸른 바다를 지키기 위해 함께 노력해 줘. 미래의 주인공은 바로 우리니까.

세계는 지금 플라스틱과 전쟁 중!

지구를 훼손하는 일회용 플라스틱

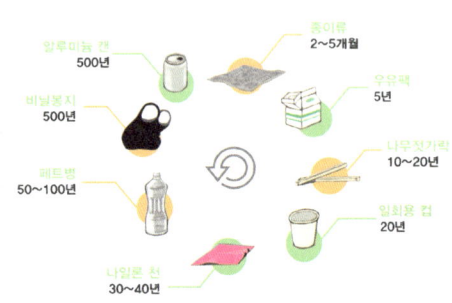

일회용품 분해에 걸리는 시간

일회용품은 우리 생활을 편리하게 하지만 지구 환경에는 심각한 피해를 주고 있어요. 일회용품이 썩으려면 우유팩은 5년, 나무젓가락은 20년, 비닐봉지는 500년 이상의 시간이 필요해요. 게다가 플라스틱을 태울 때 나오는 유해 물질은 우리 건강은 물론 환경에도 나쁜 영향을 미쳐요. 이뿐만 아니라 해마다 1,000만 톤이 넘는 플라스틱 쓰레기가 바다로 흘러들고 있어요. 2050년이면 바다에 물고기보다 쓰레기가 더 많을 거라고 경고하는 전문가들도 있어요.

바닷속의 '미세 플라스틱'

미세 플라스틱은 지름 5mm 미만의 작은 플라스틱이에요. 샤프심 지름보다 작은 것들은 플랑크톤 같은 작은 생물도 쉽게 삼킬 수 있어요. 이런 미세 플라스틱은 어떻게 만들어질까요? 페트병 같은 큰 플라스틱 쓰레기가 자외선에 노출되고 거친 파도에 부딪히면서 아주 작게 조각나 만들어져요. 얼굴을 씻을 때 쓰는 스크럽이나 치약, 액체 세제 등에도 들어 있어요. 이런 것들은 화장실 하수구를 통해 바다로 흘러가지요. 미세 플라스틱은 주변의 독성 물질을 잘 빨아들이는데, 이 때문에 바다 생물이 목숨을 잃기도 해요. 또한 미세 플라스틱을 먹은 물고기를 먹으면 우리 몸속으로 들어오게 되지요. 미세 플라스틱이 인체에 얼마나 해로운지는 아직 밝혀지지 않았지만 미세 플라스틱이 우리가 버린 쓰레기라는 걸 잊어서는 안 돼요.

폭우가 지난 후 발리 해변의 모습 © Shutterstock

미세 플라스틱 © Shutterstock

플라스틱 쓰레기 제로 운동에 동참하는 우리나라

우리는 일상생활에서 많은 플라스틱을 사용하고 있어요. 다행히 우리나라도 플라스틱 줄이기 운동에 적극 동참해 식당과 카페 등 매장 안에서 종이컵 및 일회용 빨대 등의 사용을 제한하고 있어요. 대형마트를 비롯해 편의점, 제과점 등 소규모 상점에서도 비닐봉지 사용이 금지되었어요. 장 보러 갈 때는 장바구니를 준비하고 생활 속에서 플라스틱을 줄일 수 있는 방법을 찾아 실천해 보세요.

이름: 호세 아돌포 키소칼라 콘도리
국적: 페루
주특기: 예금, 적금, 대출 등 금융 경제 설명하기
특명: 일터로 출근하는 아이들을 구하라!

3
지구에서 가장 어린 은행장
- 호세 아돌포 키소칼라 콘도리 -

> 가난하게 사는 아이들, 거리에서 일하는 많은 아이들, 신호등에서 과자를 팔고 구걸하는 아이들을 보면서 왜 이 아이들은 정상적으로 학교에 갈 수 없을까 생각했어요.
> 내가 그들을 위해 할 수 있는 일을 고민했습니다.

_호세 아돌포 키소칼라 콘도리

망치를 든 아이들

"분명 이 근처였는데?"

며칠 전, 콘도리는 골목을 지나다가 일주일치 급식비를 모두 빼앗겼어요. 녀석이 당장 돈을 내놓으라며 벽돌을 들고 덤비는데, 덜컥 겁이 났어요. 결국 주머니를 탈탈 털리고 말았지요. 너무 분했어요.

그날 이후, 콘도리는 돈을 돌려받거나 그렇지 못하면 주먹이라도 한 대 날려 줄 작정으로 날마다 녀석을 찾아다녔어요.

"역시 허탕인가……."

발길을 돌리려는 콘도리는 귓가를 때리는 요란한 소음이 자꾸 신경 쓰였어요. 소리가 나는 곳을 들여다보고는 두 눈을 의심했지요. 수많은 아이들이 넓은 마당에 쭈그리고 앉아 망치질을 하고 있지 뭐예요.

꽤나 무거워 보이는 망치로 사정없이 돌을 깨부수는 모습이 무척 익숙한 듯 보였어요. 한쪽에선 맨손으로 벽돌을 나르고 있는 아이들의 모습도 보였어요. 아이들은 하나같이 굳은 표정을 하고 있었지요. 학교에서 마주쳤던 얼굴도 있었어요. 보호 장비도 없이 흙먼지를 뒤집어쓰고 있는 모습에 콘도리는 가슴이 쿵 하고 내려앉았어요. 한참을 멍하니 바라보던 그때, 누군가 콘도리의 어깨를 툭툭 쳤어요.

"혹시 나 찾으러 왔니?"

콘도리가 고개를 돌리자 그 녀석이 서 있었어요. 그날처럼 한 손엔 벽돌을 들고 있었지요.

"어? 그게 아니라, 내가 왜 왔냐면……."

당장 혼쭐을 냈어야 했는데, 순간 머릿속이 하얘져 말을 얼버무리고 말았어요. 녀석은 콘도리에게 구겨진 지폐 한 장을 내밀었어요.

"이게 내 일당이야. 나머지도 꼭 갚을게."

콘도리는 얼떨결에 돈을 건네받고는 아무 말도 하지 못했어요. 벽돌에 긁힌 듯 상처투성이에 퉁퉁 부은 녀석의 손이 자꾸만 눈에 들어왔거든요.

"난 마샬이라고 해. 여기 공립학교 다니지? 나도 작년까지 다니다가 올해 그만두었어. 아빠가 아파서 일할 사람이 나밖에 없거든. 그날은 동생들이 쫄쫄 굶는 모습에 내가 잠시 어떻게 됐었나 봐. 정말 미안해."

마샬은 미안하다는 말을 몇 번이나 하더니, 작업장에서 부르는 소리에 급히 뛰어가 버렸어요.

콘도리는 집에 가는 내내 마샬에게 받은 돈을 손에서 놓지 못했어요.

'마샬은 이 돈을 벌기 위해 대체 몇 시간이나 일을 하는 걸까?'

콘도리는 언젠가 아빠에게 들은 이야기를 떠올렸어요. 페루의 많은 아이들이 학교가 아닌 일터로 출근한다는 이야기. 광산, 공사장, 벽돌 공장 같은 위험한 곳에서 일해 받은 일당으로 집안의 빚을 갚거나 생활비에 보탠다는 이야기였어요. 그나마 사정이 조금 나아 학교에 다

니는 아이들도 가난하긴 마찬가지였지요. 늘 배가 고팠고 급식비를 낼 돈이 모자라는 아이들도 많았어요. 결국 학교를 그만두고 일터로 가게 되었지요. 마샬도 비슷한 처지였을 거예요.

'우린 고작 여덟 살, 아홉 살 아이인데……. 너무 가혹한 일 같아.'

아이들 망치질 소리가 콘도리의 귓가를 떠나지 않았어요. 어쩌면 자신들을 구해 달라는 신호가 아닐까? 콘도리는 정신이 번뜩 들었어요.

일하지 않을 방법

"아빠, 이 돈이면 마샬의 동생들이 굶지 않을 수 있을까요?"

콘도리는 자신의 통장을 손에 쥔 채 말했어요. 며칠을 고민에 빠져 있던 아들이 내놓은 답에 아빠는 고개를 갸웃했어요.

"하루 이틀 정도 배는 채울 수 있겠지만, 과연 이게 좋은 방법일까?"

"휴……."

콘도리는 한숨을 내쉬었어요.

"어떻게 하면 일하는 친구들을 도울 수 있을까요? 이대로라면 우리의 미래는 뻔해요. 페루는 계속 가난할 테고, 사람들은 여전히 빚을 떠안은 채 살아갈 거예요. 배가 고픈 아이들이 일터로 내몰리는 일도 계속될 거예요."

"그래, 빚이 문제지……."

아들을 일터로 보낼 정도는 아니지만, 콘도리 부모도 빚 때문에 고민이었어요. 그래서 아빠는 콘도리에게 저축하는 습관을 길러 주려고 함께 은행에 가서 통장을 만들어 주었지요.

"빚이 생기지 않도록 저축하면 좋을 텐데……. 대부분 은행에 가 본 적도 없을 거야."

아빠의 말을 듣는 순간 콘도리에게 좋은 생각이 떠올랐어요.

"어린이만 이용 가능한 은행을 만들면요? 제가 은행장이 되어서 마을 아이들에게 저축하는 방법을 알려 줄래요!"

"어린이가 고객인 은행이라니……. 멋지다! 그런데 아이들이 저축할 돈이 있을까?"

맞는 말이었어요. 아이들은 통장에 돈을 넣을 만한 여유가 전혀 없었어요. 콘도리의 희망이 바람 빠진 풍선처럼 쪼그라들었어요.

"하지만 콘도리, 모든 일에는 해법이 있다는 걸 잊지 마."

아빠가 자주 하던 말이었어요. 콘도리는 직접 해답을 찾아 나서기로 했지요. 당장 시내 은행으로 향했어요. 하지만 은행에서는 별다른 소득이 없었어요. 콘도리는 길을 잃은 기분이었어요.

"어떻게 해답을 찾을 수 있을까?"

멍하니 생각에 잠겨 있던 콘도리 앞에 트럭 한 대가 멈춰 섰어요. 트럭에는 '재활용 쓰레기 수거합니다'라고 쓰여 있었고, 트럭 안은 커다란 자루들로 가득했어요. 플라스틱, 종이, 유리 등 잘 분류된 자루들

모습이 콘도리의 눈길을 사로잡았어요. 운전석에서 내린 아저씨가 은행으로 들어가더니 양손에 자루를 들고 나왔어요. 콘도리는 아저씨에게 다가가 물었어요.

"한 자루에 얼마나 받을 수 있어요?"

"이거? 무게를 달아 봐야겠지만, 1솔 정도 될 거야."

1솔이면 마샬이 콘도리에게 건넨 지폐보다 조금 많은 돈이었어요.

"우리가 쓰레기라고 부르는 것들이 사실은 다 돈이야. 재활용하면 화장지가 되기도 하고, 옷을 만들 수도 있지."

그때 콘도리 머릿속에 무언가 반짝하고 스쳤어요. 페루 거리에서는 아무렇게나 버려진 종이와 플라스틱 병을 흔하게 볼 수 있거든요.

"제가 모은 쓰레기도 수거해 가실 수 있나요?"

"물론이야! 언제든 여기로 연락해."

아저씨는 콘도리에게 명함을 건네주고 다시 트럭에 올라탔어요. 손에 든 명함과 멀어져 가는 트럭을 번갈아 바라보는 콘도리의 심장은 사정없이 두근거렸지요.

어린이 은행을 시작합니다!

얼마 뒤, 학교 주차장 구석에 '어린이 은행을 시작합니다'라고 쓴 현수막이 붙었어요. 그 아래로 책상 두 개와 의자 두 개가 덩그러니 놓여 있었지요. 이 작은 공간을 마련하기까지도 결코 쉽지 않았어요.

콘도리가 학교에 은행을 만들겠다고 하자 선생님들은 모두 고개를 저으며 말렸어요. 여덟 살밖에 안 된 아이가 할 수 없는 일이라고 생각했던 거예요. 하지만 콘도리는 포기할 수 없었어요. 결국 교장실 문을 두드렸고, 몇 번이나 찾아간 끝에 이 공간을 허락 받았지요.

이제 첫 고객을 맞이할 차례예요. 긴장한 콘도리 앞에 같은 학년 친구들이 다가왔어요.

"어서 와, 어린이 은행의 고객이 되면 말이야……."

콘도리가 말을 꺼내기 무섭게 친구들은 코웃음을 쳤어요.

"널 어떻게 믿고 돈을 맡기니? 너 머리가 어떻게 된 거 아니야?"

"이 마을에 돈 있는 애가 어디 있니? 구걸이라도 해서 가져오라는 거야?"

자기들끼리 낄낄대면서 자리를 떠나 버렸지요. 콘도리는 그들의 뒤통수에 대고 외쳤어요.

"곧 알게 될 거야! 내가 너희들을 도울 수 있다는 걸!"

먼발치에서 그 모습을 지켜보던 교장 선생님이 다가와서 물었어요.

"실망했니?"

"아니요. 저는 꼭 해낼 거예요."

콘도리의 씩씩한 목소리에 교장 선생님은 살짝 놀란 듯했어요.

"콘도리, 친구들이 놀려도 괜찮니? 대체 왜 이렇게까지 은행을 하려는 거야?"

"위험한 공장에서 일하는 친구들이 없었으면 좋겠어요. 다시 학교에 다닐 수 있게 돕고 싶어요."

"그래? 어린이 은행을 하면 이런 것들이 가능하단 말이지? 은행장 콘도리의 계획을 들어 볼까?"

"아이들이 은행으로 재활용 쓰레기나 폐기물을 가져오면, 각자 계좌를 만들어 돈을 적립해 줄 거예요. 재활용 수거 업체에 제가 대신 팔아 주고 그 금액만큼 돌려주는 거죠. 그렇게 모은 돈은 부모님이나 다른 가족은 사용할 수 없고, 오직 본인만이 관리하도록 할 거예요."

"쓰레기를 돈으로 바꾼다고? 오, 돈을 버느라 학교에 오지 못하는 친구들에게 도움이 될 수 있겠는걸."

교장 선생님의 말이 끝나기가 무섭게 콘도리가 벌떡 일어났어요.

"앗! 제가 1호 고객을 잊고 있었어요. 생각나게 해 주셔서 감사합니다."

콘도리는 고개를 숙여 인사하고선 어디론가 부리나케 달려갔어요. 잠시 후, 콘도리는 벽돌 공장 앞에서 마샬을 만났어요.

"돈 받으러 왔어? 지금은 한 푼도 없는데?"

마샬은 무척 피곤한 얼굴로 빈 주머니를 털어 보였어요.

"일하는 대신 은행에서 대출을 받는 게 어때?"

"놀리는 거야? 어린이한테 대출해 주는 은행이 어디 있어?"

콘도리는 자신이 만든 은행에서 소액 대출을 받고 재활용 쓰레기로 갚을 수 있다고 설명해 주었어요. 마샬은 정말 그게 가능하냐고 몇 번을 되물었어요. 그러곤 날라야 하는 벽돌이 산더미라며 망치질 소리로 가득한 공장으로 들어갔지요.

콘도리는 은행의 첫 고객을 유치하는 데 성공하지 못했지만, 더욱 부지런히 고객을 찾으러 다녔어요. 지친 얼굴로 공장에서 퇴근하는 아이들을 설득했고, 톱날에 손가락을 다쳐 일자리를 잃었다는 아이도 만났어요. 또 거리에서 구걸하는 아이들에게도 다가갔지요.

"힘들게 일하지 않아도 구걸하지 않아도 돈을 벌 수 있는 방법이 있어. 내가 도와줄게."

하나같이 믿지 않는 눈치였어요. 어린이 은행이 성공할 거라고 믿는 사람은 아무도 없었지요.

쓰레기를 돈으로 바꾸는 마법

아이들이 어린이 은행을 찾아온 건 며칠이 지나서였어요. 그들은 각자 집, 학교, 이웃집 등에서 나온 쓰레기가 든 봉투를 들고 왔어요. 과일이나 달걀 껍데기, 깨진 접시, 버려진 슬리퍼 등 정말 여러 가지 것들이 가득했는데, 대부분 재활용할 수 없는 쓰레기였지요. 콘도리는 난감했지만 봉투를 뒤져 가며 재활용 쓰레기는 무엇이고, 어떻게 분류해야 하는지부터 가르쳤어요.

"제대로 분류하지 않으면 재활용할 수 없어. 재활용이 안 되는 쓰레기는 따로 모아서 퇴비를 만들 거야."

쓰레기 더미와 사투를 벌인 지 한 달여가 지나자 은행은 제법 그럴듯한 모습을 갖추었어요. 아이들은 종이, 페트병, 비닐, 스티로폼 등

친구들과 재활용 가능한 종이를 분류한 모습
© José Quisocala_Teen Banker

재활용 쓰레기들을 가져와 콘도리가 준비한 대형 비닐 봉투에 종류별로 척척 분류했어요. 일주일에 한 번 재활용 업체 사장님이 와서 수거해 가면 판매 금액이 각자 계좌에 쌓였지요. 잔액이 불어나는 걸 직접 확인한 친구들은 무척 기뻐했어요. 그중엔 마샬도 있었지요.

"다시 학교에 다닐 수 있어서 정말 좋아. 다칠까 걱정하지 않아도 되고……."

마샬이 벽돌 대신 책가방을 손에 들고 말했어요. 마샬은 새살이 돋은 뽀얀 손으로 친구들의 쓰레기 분류를 도와주기도 했지요.

"참! 어제는 어린이 카드로 동생들 학용품 사 줬어. 돈 대신 카드로 샀다고 하니까 동생들이 깜짝 놀라더라고."

콘도리는 시내 문구점과 마트, 식당 등 아이들이 자주 이용하는 상점 몇 곳과 제휴를 맺어서 어린이 카드를 만들었어요. 계좌에 든 잔액 내에서 필요한 것들을 살 수 있게 하면서 절약의 중요성과 저축의 즐거움을 스스로 알아 가도록 도왔지요. 아이들은 부지런히 통장 잔고를 늘려 갔고, 어느새 고객도 200명 가까이 늘어났어요. 어린이 은행에서 모으는 재활용 쓰레기도 한 달에 100kg을 훌쩍 넘겼지요.

"양이 늘어서 날마다 수거하러 와야겠어. 명함을 건넸을 때만 해도 이렇게 자주 보게 될 줄은 몰랐는데 말이야. 어린이 은행 덕분에 시내가 아주 깨끗해졌다며 사람들 칭찬이 자자해. 대단해!"

사장님이 트럭 가득 재활용 쓰레기 자루를 실으며 말했어요.

마을은 눈에 띄게 달라지고 있었어요. 껌을 팔며 구걸하던 아이들 모습이 사라지고, 쓰레기를 줍는 아이들로 활기가 넘쳤어요. 가족의 빚을 짊어진 채 일터로 가야 했던 많은 아이들이 학교로 돌아오고 있었지요. 어린이 은행의 기적을 경험한 아이들은 이야기했어요.

"어릴 때부터 축구선수가 되고 싶었지만, 한 번도 운동화 사 달란 말을 못 했어. 이제 내가 모은 돈으로 운동화를 살 거야!"

"난 돈이 모이면 책과 학용품을 살 거야. 열심히 공부해서 의사가 되면 엄마 병도 낫게 해 주고, 마을의 가난한 사람들도 고쳐 주고 싶어."

빚과 가난에 억눌렸던 아이들이 이제는 저마다의 꿈을 키울 수 있게 되었지요.

콘도리 또한 더 큰 꿈을 꾸고 있어요. 페루의 가난한 마을을 찾아다니며 어린이 은행의 지점을 늘려 갈 거예요. 페루 곳곳에서 아이들의 망치질 소리가 사라지길 간절히 바라면서요.

반가워, 콘도리!

Q. 많은 아이들을 구한 '어린이 은행'이 그 후로 얼마나 성장했을지 궁금해!

A. 현재 '어린이 은행'을 이용하는 어린이 고객의 수가 2,000명을 훌쩍 넘었어. 다달이 15톤 이상의 재활용 쓰레기를 수거할 만큼 규모도 커졌지. 어린이 은행 덕분에 우리 마을에는 강제 노동에 시달리거나 학교를 그만두는 아이들이 많이 줄었어. 이 놀라운 소식이 널리 알려진 다음, 전국의 대형 은행에서 함께 일하자는 제안이 쏟아졌고, 그중 한 은행과 제휴를 맺어 어린이를 위한 대출과 보험 서비스도 시작했어. 요즘은 더 많은 아이들이 혜택을 받을 수 있도록 전국을 다니면서 금융 경제에 대한 강의도 하고 있어.

콘도리가 세운 바르트셀라나 어린이 은행
© José Quisocala

Q 콘도리가 생각하는 '어린이 은행'의 최종 목표는 뭐야?

A. 페루에는 돈 때문에 다투고 헤어지는 가족들이 많아. 이 때문에 아무 잘못 없는 아이들이 피해를 보게 돼. 부모들이 지금껏 제대로 된 금융 교육을 받아본 적이 없어 이런 경제적 어려움을 겪는 것이라 생각해. 이런 점에서 '어린이 은행'의 역할이 중요하다고 생각해. 아이들을 노동에서 벗어나도록 돕는 것에서 더 나아가 돈의 가치를 알려 주는 거지. '어린이 은행'을 통해 일찍이 저축하는 습관을 기르고 절약의 중요성을 깨닫는다면 우리의 미래는 달라질 수 있을 거야.

Q 콘도리의 노력에도 불구하고, 아직 페루의 많은 아이들이 강제 노동에 시달리고 있어. 어떻게 생각해?

A. 페루는 법적으로 14세 이하 어린이의 노동을 금지하고 있지만, 많은 아이들이 법의 보호를 받지 못하고 있어. 가사 노동을 비롯해 광산과 벌목장, 벽돌 공장 등 위험한 일터에 있는 아이들이 여전히 많아. 당장 빚을 갚아야 하거나 돈을 벌어야 하는 집안 사정 때문에 일터로 내쫓기게 되지. 부모 세대의 가난으로부터 벗어날 수 없는 경우가 대부분이라 매우 안타까워. 난 아이들이 공부하기를 바라. 자신의 잠재력을 발견하고 꿈을 키우는 것만이 페루가 가난에서 벗어날 수 있는 가장 올바른 길이라고 생각해.

현대판 노예로 살아가는 아이들

돈 때문에 일터로 내몰리는 아이들

전 세계의 14세 미만 아이들 중 1억 5천만 명이나 되는 아이들이 노동 현장에서 고된 하루를 보내요. 학교 교육도 받지 못하고 마음껏 뛰놀 기회를 빼앗긴 채 일터에서 어린 시절을 보내지요.

왜 아이들이 일터로 가는 걸까요? 부모가 나쁜 사람이라서 그런 걸까요? 가난 때문이에요. 가난한 나라에서는 아이를 포함한 모든 가족들이 먹고살기 위해 일을 해야 하지요. 빈곤이 심각한 아프리카에서는 아이들의 4분의 1 이상이 일하고, 네팔, 필리핀, 방글라데시 같은 아시아의 가난한 나라 아이들 역시 심각한 수준의 노동을 하고 있어요.

마다가스카르의 운모 광산에서 일하는 아이들 ⓒ Pixnio

'아동 노예'의 끔찍한 고통

노동하는 아이들 중에서도 매우 가혹한 노동에 시달리는 경우를 '아동 노예'라고 불러요. 안전 장비도 없이 위험한 기계나 도구를 사용해 일하거나, 무거운 짐을 운

반하는 작업에 동원되고 있어요. 고사리 같은 손으로 망치, 전기톱, 톱날 등을 사용하느라 상처와 피부염에 시달리고, 손가락이 잘리거나 목숨을 잃는 사고를 당하기도 해요. 또한 담배 공장, 시멘트 공장, 광산 등 유해 물질이 가득한 곳에서 일하는 아이들은 폐렴과 천식 등 호흡기 질환에 걸릴 위험이 크지요. 대부분 제대로 된 휴식이나 보상도 받지 못한 채 건강과 생명을 위협받고 있어요.

초콜릿에 담긴 아이들의 땀과 눈물

코코아 농장 노동자들 사이에 있는 아이 ⓒ Benjamin Lowy

우리가 좋아하는 초콜릿에는 아이들의 땀과 눈물이 섞여 있어요. 초콜릿의 주원료인 카카오는 주로 아프리카에서 생산해요. 카카오 열매를 따고 자루를 옮기는 작업에 많은 아이들이 동원되고 있어요. 초콜릿 회사들이 카카오 열매를 아주 싼 가격에 사들이기 때문에 농장에서는 헐값에 일할 수 있는 아이들을 고용할 수밖에 없지요. 스마트폰, 화장품, 커피 따위도 아이들의 노동 착취로 만들어지기도 한대요. 우리 일상에서 쓰는 물건이 아이들의 피와 땀으로 만들어진 건 아닌지 관심을 갖고 살펴볼 필요가 있어요.

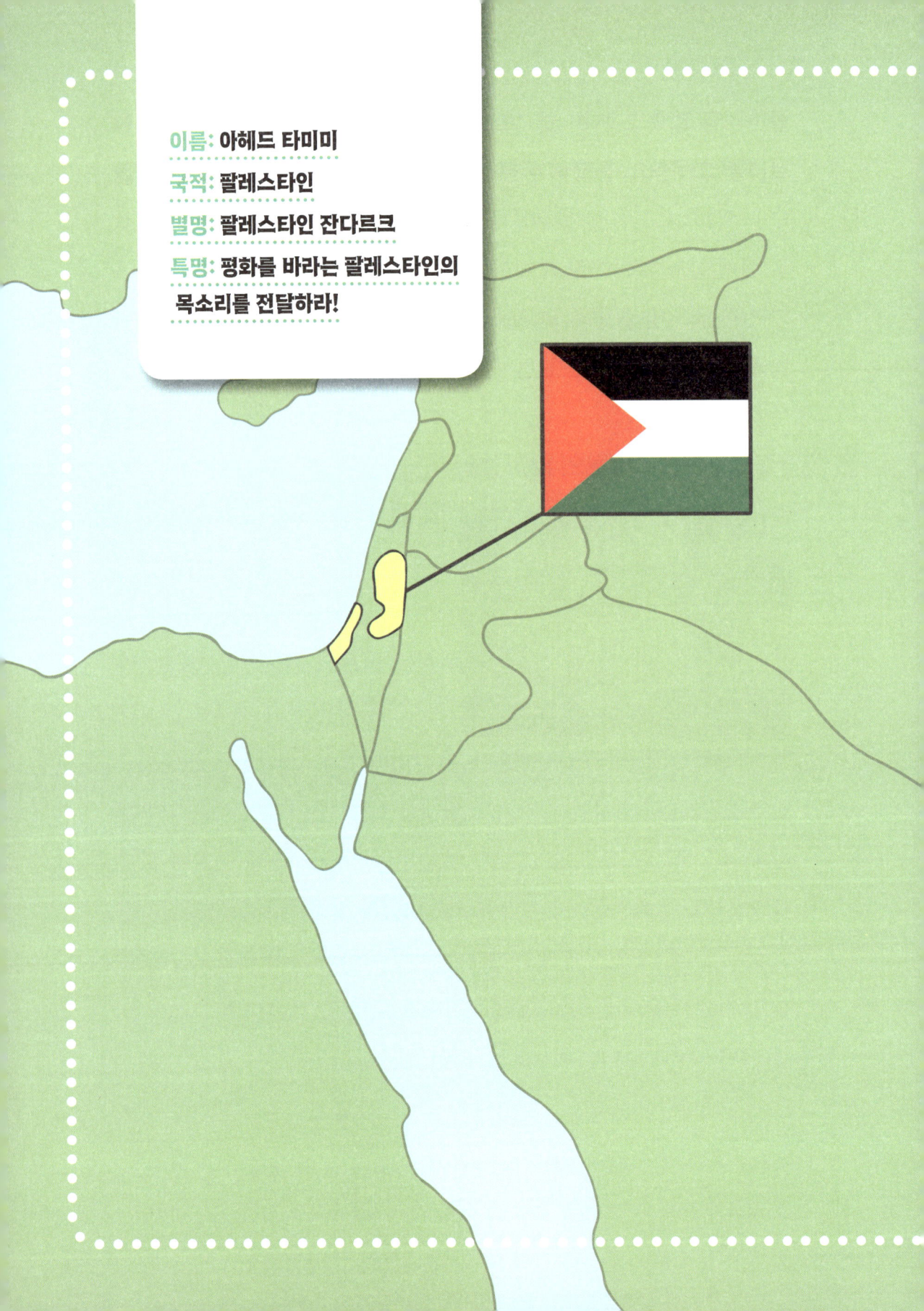

이름: **아헤드 타미미**
국적: **팔레스타인**
별명: **팔레스타인 잔다르크**
특명: **평화를 바라는 팔레스타인의 목소리를 전달하라!**

4
평화를 위한 투쟁
- 아헤드 타미미 -

> 나는 자유를 위해 싸우는 중입니다.
> 희생자가 되지 않을 거예요. 국제 법정에서
> 반드시 이스라엘의 범죄 행위에 대해 책임을
> 묻고 팔레스타인의 권리를 되찾을 거예요.
> 지금의 경험들 덕분에 인생이 얼마나
> 소중한지 알게 됐고, 인권에 관한 의식이
> 성장할 수 있었습니다.

_아헤드 타미미

이스라엘과 팔레스타인

"이스라엘은 물러가라! 물과 땅을 돌려 달라!"

맨 앞에 선 남자가 목청껏 소리를 질렀어요. 곧바로 마을 주민들의 외침이 뒤따랐지요.

"이스라엘은 물러가라! 물과 땅을 돌려 달라!"

그들은 손에 돌멩이를 쥐고 있었어요. 어른들 틈에 선 아헤드의 작은 손에도 돌멩이가 있었지요. 다른 한 손은 사촌 동생 모하메드의 손을 꼭 잡고 있었고요.

"이스라엘은 물러가라!"

아헤드는 힘찬 구호와 함께 손에 든 돌멩이를 있는 힘껏 던졌어요. 돌멩이가 향한 곳엔 이스라엘 군인들이 서 있었어요. 그들은 기다렸

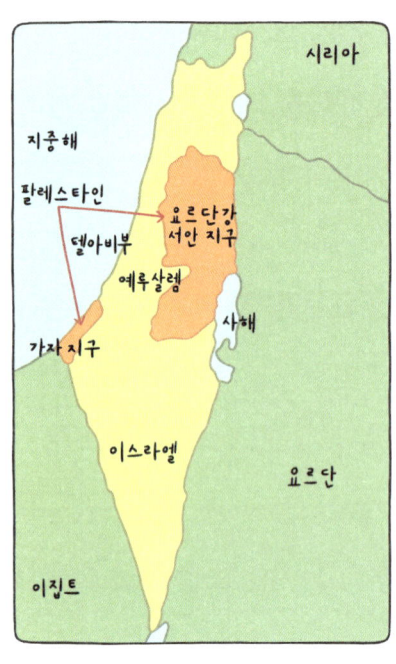

다는 듯 방패를 내밀어 날아오는 돌멩이를 막아 냈어요. 금요일마다 나비살레 마을 어귀에서는 이 같은 시위가 반복되고 있었지요.

이 시위의 역사는 오래전으로 거슬러 올라가요. 1967년 중동 전쟁에서 승리한 이스라엘은 예루살렘 전체를 포함한 요르단강 서안을 점령했어요. 그리고 오랫동안 이곳에 살고 있던 팔레스타인 사람들을 쫓아내고 그 자리에 이스라엘 사람들이 터를 잡았어요. 집과 땅, 깨끗한 물마저 빼앗긴 팔레스타인 사람들의 저항은 엄청났지요.

서안의 작은 마을 나비살레 주민들 역시 조상 대대로 살아온 터전을 지켜야만 했어요.

"총이다! 지난번처럼 실탄이 날아올지도 몰라!"

누군가 다급하게 소리쳤어요. 반대편에 서 있던 군인들이 주민들을 향해 기다란 총을 겨누었어요. 이스라엘군은 이전에도 최루가스나 물대포로 주민들을 공격한 적이 있어요. 그때마다 많은 부상자들이 발생했지요.

"모하메드, 머리 숙여."

아헤드는 사촌 동생 모하메드의 머리를 감싸 쥐며 말했어요. 겁에

질린 모하메드는 덜덜 떨었어요.

"걱정 마. 별일 없을 거야."

아헤드의 말이 끝나자마자 무시무시한 총소리가 들려왔어요.

"다다다!"

놀란 주민들의 비명이 이어졌어요. 아헤드는 재빨리 모하메드의 손을 잡고 달리기 시작했어요. 겨우 몇 걸음 달아난 순간, 귓가에 '퍽' 하는 소리가 울렸어요. 놀랄 새도 없이 모하메드가 쓰러졌어요.

"모하메드, 모하메드! 정신 좀 차려 봐!"

아헤드는 모하메드를 안고 애타게 불렀어요. 모하메드의 머리 뒤쪽에서 많은 피가 흘러내렸어요.

"아이가 머리에 실탄을 맞았다! 빨리 병원으로 가야 해!"

덩치 큰 어른이 모하메드를 안고 달렸어요. 그때 아헤드는 이스라엘 군인들이 이 사태를 파악하고 총을 거두는 모습을 보았어요.

'어린아이를 일부러 겨냥한 거야. 대체 우리 팔레스타인 사람들이 뭘 잘못했다고?'

아헤드는 군인들을 용서할 수 없었어요. 피 묻은 손이 부들부들 떨렸지요.

군인에게 맞선 소녀

 아헤드는 엄마와 함께 모하메드가 입원한 병원에 다녀오는 길이었어요. 긴급 수술을 받고 혼수상태에 빠져 있던 모하메드는 사흘 만에 의식을 회복했어요. 모하메드가 무사하기를 얼마나 간절히 기도했는지 몰라요.
 "머리에 큰 상처가 남을 수도 있대. 워낙 위험한 상황이었으니까……."
 "휴, 이스라엘 군인들의 잔인함을 세상에 알리고 말 거예요."
 아헤드는 군인들의 모습을 떠올릴 때마다 치가 떨렸어요. 마치 그날의 총성이 귓가에 울리는 것만 같았지요.
 그때였어요. 아헤드의 엄마가 발걸음을 멈추고 딸의 팔을 꼭 잡았어요. 그리고 떨리는 목소리로 속삭였어요.

"아헤드, 우리 집에 군인들이 와 있어."

집 앞에는 총을 든 군인 두 명이 서성거리고 있었어요. 순간 온몸의 털이 쭈뼛 서는 게 느껴졌어요. 하지만 아헤드는 거침없이 군인들에게 달려가 다짜고짜 소리쳤어요.

"왜 죄 없는 아이에게 총을 겨눈 거죠?"

군인들은 아무 대꾸도 하지 않았어요.

"당신들 때문에 내 동생이 죽을 뻔했단 말이야!"

아헤드는 씩씩대며 군인들에게 달려들었어요. 군인들에게 연신 나가라고 소리치며 손으로 밀치고 발길질을 했어요. 놀란 엄마가 말려 보았지만 분노를 멈출 수 없었어요.

"우리는 당신들 때문에 미래를 빼앗겼어요. 아무런 꿈도 꿀 수 없다고요! 그런데도 잠자코 있어야 하나요? 네?"

군인들은 여전히 꿈쩍도 하지 않았어요. 아무런 대꾸도 하지 않는 모습에 아헤드는 더욱 부르르 떨었어요. 마침내 손을 올려 자기보다 머리 하나는 더 큰 군인의 뺨을 올려쳤어요.

"우리가 뭘 잘못했는지 말해 봐요, 말해 보라고!"

어느새 몰려든 이웃 주민들이 아헤드를 뜯어 말렸어요. 그제야 군인들은 마을을 떠났지요. 하지만 이날 아헤드의 행동은 엄청난 파장을 일으켰어요. 주민들이 휴대전화로 촬영한 동영상이 삽시간에 SNS로 퍼져 나갔고 세계 곳곳에서 뜨거운 반응이 일어났어요.

↳ 소녀가 주먹을 들 수밖에 없었던 이유를 알기에 눈물이 흐르네요.

↳ 그녀는 팔레스타인 영웅! 팔레스타인 잔다르크!

↳ 잔혹한 이스라엘 군인들이 아무 대응도 하지 않은 이유가 뭘까? 소녀에게 더 큰 재앙이 올까 걱정이에요.

늦은 밤까지 SNS 댓글을 읽던 아헤드는 가슴이 뜨거워지는 걸 느꼈어요. 그리고 자신이 앞으로 해야 할 일을 깨달았어요.

'정당한 권리를 주장하는 팔레스타인 사람들에게 총을 겨누는 이스라엘의 잘못을 세계에 알려야 해. 그래야만 우리의 물과 땅을 하루빨리 되찾을 수 있어.'

아헤드는 슬며시 잠이 들었어요. 그리고 얼마 지나지 않아 와장창 소리에 번쩍 눈을 떴어요. 창문이 부서지는 소리였어요. 누군가 밖에서 일부러 창문을 깨부순 것이 분명했어요. 밖으로 뛰쳐나간 아헤드는 깜짝 놀랐어요. 한 무리의 이스라엘 군인들이 어느새 집 안까지 들어와 있었어요. 그들은 아헤드를 보자마자 곧장 수갑을 채웠어요. 자다 일어난 가족들은 비명을 질렀지요.

"무슨 일입니까? 왜 우리 애한테 수갑을 채우는 거죠?"

"군인을 때린 혐의로 아헤드 타미미를 체포합니다."

군인 두 명이 아헤드 양쪽에 서서 팔을 붙잡았어요.

"안 돼요. 차라리 나를 잡아 가세요."

엄마가 울면서 애원했지만 군인들은 아헤드를 데리고 떠났어요.

죄수복을 입은 아헤드

수갑을 찬 아헤드가 도착한 곳은 이스라엘 군사 감옥이었어요. 아헤드는 죄수복을 입고, 교도소와 법원을 오가며 이스라엘 경찰의 수사를 받아야 했어요. 가족은 물론 변호인도 함께할 수 없어요. 수사는 매우 까다로웠어요. 그들은 같은 질문을 반복했지요.

"군인을 죽일 작정이었어?"

"어린아이에게 총을 겨눈 군인들이 잘못한 거 아닌가요? 다시 그때로 돌아가도 저는 똑같이 행동했을 겁니다."

같은 답이 되돌아오자 경찰은 눈살을 찌푸렸어요. 아헤드의 죄를 부풀려야 하는 경찰은 또다시 물었지요.

"시위에 나가라고 시킨 사람이 누구야?"

"누가 시켜서 시위에 나간 게 아니에요. 내가 시위에 나간 건 팔레스타인의 평화를 되찾고 싶었기 때문이에요."

경찰은 자기들끼리 눈빛을 주고받더니, 큰 몽둥이를 아헤드 얼굴 가까이 들이밀며 협박했어요.

"순순히 협조하지 않으면 너희 가족들도 위험해질 거야."

"그렇다고 당신들 입맛에 맞는 답을 해 줄 생각은 없어요. 그건 진실이 아니니까요."

아헤드는 눈도 꿈쩍 안 했어요. 결국 점령군을 욕보인 죄, 돌을 던진 죄, 시위에 앞장선 죄 등 열두 가지 혐의로 군사 재판에 넘겨졌지요.

얼마 후 아헤드는 양손이 밧줄에 묶인 채 이스라엘 군사 법정에 섰어요. 최종 선고를 앞두고 이스라엘 경찰 대변인과 아헤드를 변호하는 인권 단체 변호사가 공방을 벌였어요.

 이스라엘 측은 아헤드가 군인을 공격한 것은 심각한 범죄이므로 징역형을 내려야 한다고 했어요. 이에 맞선 인권 단체 변호사는 맨손으로 군인들에게 덤빈 것은 그들에게 크게 위협이 되지 않는다고 주장했지요. 아헤드는 어떤 결정에도 흔들리지 않겠다고 다짐했어요.

 '나의 길은 하나야. 이스라엘군의 잔혹한 행태를 알릴 수 있다면 어떤 형벌이라도 받겠어.'

 마침내 재판장은 아헤드의 유죄를 인정하며 징역 8개월 형을 선고했어요. 동시에 방청석이 술렁였지요.

 "아헤드, 강하게 버텨야 한다!"

 아빠의 목소리였어요. 아헤드는 아빠를 바라보며 연신 고개를 끄덕였어요. 그리고 마음을 단단히 먹었어요.

 '강하게 버텨야 해. 우리 가족을 위해서, 팔레스타인을 위해서.'

 선고를 마친 다음, 아헤드는 이스라엘의 여성 전용 교도소로 옮겨졌어요. 좁은 감옥에서 긴 겨울을 보내야 했지요. 감옥은 매우 추웠지만 아헤드의 마음은 불타는 의지로 가득했어요. 억울함으로 고통받는 대신 공부에 집중하기로 결심했거든요. 검정고시를 보기 위해 책을 읽었고 변호사에게 부탁해 법률 서적도 얻었어요.

 "어려운 법률 책은 왜 읽는 거야?"

 한방을 쓰는 언니가 물었어요.

"빨리 학업을 마치고 능력 있는 변호사가 될 거예요. 국제 법정에 나가서 이스라엘의 잘못과 책임을 묻고 싶어요."

"이스라엘 군인들이 널 가만두지 않을 텐데, 무섭지 않아?"

"아무리 무서워도 숨지 않을 거예요. 잠자코 있으면 아무도 알아주지 않을 테니까요."

"정말 용감하구나. 네가 변호사가 되는 날도, 우리 팔레스타인이 평화를 되찾는 날도 어서 빨리 왔으면 좋겠어."

"그날을 앞당기려면 우리 모두 머리를 맞대야 해요. 다 같이 이 책을 보면 어떨까요?"

아헤드는 수감자들에게 법률 서적을 권했어요. 서로 도와 가며 어려운 법률 용어를 분석하고 함께 공부했지요. 그렇게 머리를 맞대고 있다가 교도관들 눈에 띄어 책을 빼앗기기도 했어요. 하지만 누구도 공부를 멈추지 않았어요. 책을 종이에 옮겨 쓰고, 종이마저 찢기면 또 다른 종이에 썼으니까요. 마치 이곳이 감옥이 아니라 학교가 된 듯했어요. 아헤드는 여섯 달 만에 고졸 검정고시에 합격했지요.

원하는 건 평화

팔레스타인의 평화를 되찾겠다는 아헤드의 간절한 소망은 어느새 바깥세상에도 전해졌어요. 어린 소녀가 군사 재판을 받고 수감 중이라는 사실에 많은 사람들이 함께 분노했지요. 사람들의 분노는 곧 아헤드의 석방을 요구하는 시위로 이어졌어요.

"소녀는 잘못이 없다! 아헤드를 당장 석방하라!"

"이스라엘 군사 법정은 국제법을 어기는 미성년자 구속을 멈춰라!"

이웃 나라 정치인들, 할리우드 스타들까지 목소리를 내면서 석방 시위는 전 세계로 번졌어요. 동시에 팔레스타인 사태에 대한 국제적인 관심도 높아졌지요.

하지만 이스라엘 정부는 꿈쩍도 하지 않았어요. 오히려 이스라엘 정치인들은 군인에게 폭력을 행사한 아헤드는 감옥에서 생을 마쳐도 모자랄 정도의 무거운 죄를 지은 범죄자라고 주장했어요. 결국 아헤드는 교도소에서 8개월을 모두 채워야 했지요.

마침내 아헤드가 석방되는 날, 교도소 앞은 여러 나라에서 찾아온 취재진과 사람들로 북적였어요. 교도소 문이 열리고 아헤드가 모습을 드러내자 사람들은 박수를 보내고 노래를 부르며 그녀를 응원했어요. 쏟아지는 시선에 아헤드는 잠시 멈칫했지만, 씩씩한 걸음으로 마이크 앞에 섰어요. 자신을 주목하는 사람들을 향해 당당히 말했어요.

"팔레스타인 사람들이 바라는 건 오직 평화입니다. 많은 사람들이

머리를 맞대 전 세계의 분쟁이 사라지는 날이 앞당겨지기를 바랍니다. 저는 앞으로 법을 공부할 것입니다. 법정에서 이스라엘을 벌하고 팔레스타인의 권리를 반드시 제 손으로 되찾겠습니다!"

　아헤드의 석방 소식은 전 세계 뉴스로 보도되었어요. 여러 나라에서 격려 인사가 쏟아졌지요.

　아헤드는 앞으로 더욱 험난한 길을 걷게 될 것을 예감했어요. 하지만 두렵지 않았어요. 아헤드가 바라는 것은 오직 팔레스타인의 평화를 되찾는 것뿐이니까요.

반가워, 아헤드!

Q. 8개월이나 감옥 생활을 해야 했는데, 이스라엘 군인을 때린 걸 후회하지는 않았어?

이스라엘군에 체포된 아헤드 타미미

A. 구치소와 교도소 생활은 말로 다 표현할 수 없을 만큼 힘든 경험이었어. 한밤중에 수사하겠다고 찾아오는 이스라엘 경찰들은 오랫동안 나를 공격하면서 화장실 갈 시간조차 주지 않았어. 또 자신들의 입맛에 맞지 않는 대답을 하면 가족들이 위험해질 수 있다고 협박하기도 했어. 끔찍한 경험이었지만, 그 시간이 내 인생에 큰 가치를 더해 줬다고 생각하기 때문에 후회하지는 않아.

Q. 이스라엘 사람들은 왜 그렇게 팔레스타인 땅을 빼앗으려는 걸까?

A. 수천 년 전, 예루살렘에는 유대인들이 이스라엘 왕국을 세워 살고 있었어. 하지만 로마의 공격으로 이스라엘은 멸망했고, 유대인들은 세계 곳곳을 떠돌며 살아야 했어. 로마가 멸망한 뒤, 아랍인들이 들어와 팔레스타인을 세운 거야. 그런데 유대인들이 고향 땅을 되찾아야

한다며 다시 돌아와 1948년에 이스라엘을 세웠지. 그러면서 오랫동안 이곳에 살고 있던 팔레스타인 사람들을 몰아내려고 하고 있어.

Q 그런데 언제까지 싸울 수는 없잖아. 화해할 방법은 없는 걸까?

오슬로 협정을 위해 만난 이스라엘과 팔레스타인의 지도자와 당시 미국 대통령 ⓒ 연합뉴스

A. 이 문제는 70년 넘게 지속되어 왔기 때문에 다른 나라의 역할이 중요하다고 생각해. 실제로 지난 1993년에는 노르웨이 정부가 중간 역할을 하면서 이른바 '오슬로 협정'을 맺기도 했어. 팔레스타인 사람들이 가자 지구와 서안 지구에 '팔레스타인 자치 정부'를 세울 수 있도록 했지. 하지만 평화는 오래가지 못했어. 평화를 바라는 전 세계의 많은 사람들이 뜻을 함께해 줬으면 해.

Q 변호사가 되기 위한 공부는 계속하고 있어? 앞으로 어떤 일을 할 거야?

A. 난 국제 변호사가 되는 시간을 최대한 앞당기고 싶어. 최근에도 서안 지구에서 시위하던 소년이 눈을 가린 채 이스라엘군에게 끌려가는 일이 일어났어. 그렇게 해마다 체포되는 어린이나 청소년들이 자그마치 500~700명이나 된다고 해. 그들도 나와 마찬가지로 수감 기간 동안 국제법에 어긋나는 아동 학대나 다름없는 일을 당하게 될 거야. 난 꼭 국제 재판정에 서서 이스라엘의 책임을 조목조목 따져 물을 거야.

전쟁과 갈등으로 위협받는 국제 평화

국제 분쟁이 일어나는 이유

인도 경찰에게 저항하는 카슈미르 주민들 ⓒ 연합뉴스

팔레스타인과 이스라엘 말고도 세계 곳곳에서는 다양한 이유로 국제 분쟁이 벌어지고 있어요. 인도와 파키스탄은 대표적인 종교 분쟁 지역이에요. 둘은 원래 하나의 국가였는데 1950년대에 이르러 힌두교를 믿는 인도 공화국과 이슬람교를 믿는 파키스탄 공화국으로 완전히 분리되었어요. 그때부터 두 나라 사이에 끼인 카슈미르 지역을 서로 차지하려고 끊임없이 다툼을 벌이고 있답니다. 석유나 천연가스 같은 자원도 갈등의 원인이에요. 동중국해에 매장된 천연가스를 놓고 중국과 일본은 서로 자기 것이라고 주장하며 서로의 해양 활동을 감시하는 등 눈에 보이지 않는 치열한 전쟁을 벌이고 있지요.

전쟁으로 고통 받는 세계 어린이들

국제 분쟁이 일어나면 가장 큰 피해를 입는 건 아이들이에요. 전쟁이

전쟁 반대를 외치는 우크라이나 아이들 © 한스경제 김근현 기자

일어나 학교가 문을 닫고, 폭격이나 총격 때문에 거리에서 뛰어놀 수도 없지요. 2022년 러시아가 우크라이나를 공격하고 6개월 만에 우크라이나에서 죽거나 다친 어린이가 1,000명이 넘었어요. 간신히 목숨을 지켰더라도 난민이 되어 주변 국가로 이동하는 과정에서 가족을 잃기도 하지요. 전쟁이 끝난 이후에도 많은 아이들이 전쟁의 공포와 상처로 인한 후유증 때문에 고생한다는 사실은 매우 가슴 아픈 일이에요.

우리나라가 겪는 국제 분쟁은?

우리나라와 중국은 해양 자원을 둘러싼 분쟁을 겪고 있어요. 때때로 중국 어선이 우리 해역으로 넘어와 불법으로 수산물을 잡다가 충돌이 벌어지기도 하지요. 일본과의 뿌리 깊은 갈등도 계속되고 있어요. 지리상이나 국제법상으로도 우리 땅이 분명한 독도를 일본이 자기 땅이라고 우기면서 분쟁을 키우고 있어요. 또한 일제 강점기 때 일본 기업들이 우리나라 젊은이들을 끌고 가 강제 노동을 시키고는 여태껏 보상을 하지 않았어요. 우리 대법원에서 "일본 기업은 피해자들에게 배상하라."는 판결을 했지만, 일본은 배상을 거부하고 있어요.

이름: **기탄잘리 라오**
국적: **미국**
주특기: **생활에서 발생한 문제를 스스로 해결하기**
특명: **납 중독으로 고통받는 아이들을 구하라!**

5
물속에 든 납을 찾아라!
- 기탄잘리 라오 -

> 나는 늘 누군가의 얼굴에 웃음을
> 짓게 하고 싶었습니다. 그리고 더 나아가 우리가
> 사는 곳에 긍정적인 마음을 전하고 싶었어요.
> 제 목표는 세상의 문제를
> 혼자 해결하려는 게 아닙니다.
> 내가 할 수 있다면, 당신도
> 그 누구도 할 수 있다는 메시지를
> 전하고 싶어요.

_기탄잘리 라오

납이 뭐예요?

"이 물 괜찮을까요? 오염된 물이 아니라고 어떻게 확신하죠?"

기탄잘리는 물을 들이키려는 엄마의 팔을 잡으며 말했어요. 평소보다 날카로운 딸의 목소리에 엄마는 들고 있던 컵을 내려놓았어요.

"왜 그러니? 물을 마시고 배가 아프기라도 했어?"

기탄잘리는 대답 대신 스마트폰을 꺼내 엄마에게 한 장의 사진을 보여 주었어요. 사진 속에는 이마와 뺨이 붉은 반점으로 뒤덮인 흑인 아기의 모습이 담겨 있었지요.

"고작 두 살 아이인데, 물을 마신 것만으로 이렇게 끔찍한 피부병을 앓고 있대요."

"저런, 가여워라!"

"타임지(미국 시사 주간지) 표지에 나온 사진을 본 모양이구나. 정말 안타까운 일이야."

두 사람의 대화를 듣고 있던 아빠가 말을 거들었어요.

"아빠도 플린트 시에 관한 뉴스를 보셨어요? 아이들이 왜 저렇게 고생하는 거예요?"

"깨끗한 물이 부족하기 때문이야. 주민들이 사용하는 수돗물이 납으로 오염됐거든."

"납? 납이 뭐예요?"

기탄잘리는 궁금한 표정으로 엄마를 바라보았어요.

"납은 생활에서 흔히 쓰이는 금속 중 하나인데, 사람 몸에는 매우 해로워. 특히 어린아이들은 아주 적은 양의 납에도 반응을 해서 빈혈이나 피부 질환을 앓거나 뇌 신경에 문제를 일으켜 장애가 생기기도 해."

엔지니어로 일하는 엄마는 기탄잘리가 알기 쉽게 설명해 주었어요. 아빠는 플린트 시에서 오래되고 낡은 수도관을 사용한 탓에 주민들에게 납이 섞인 물이 공급되었다며 혀를 끌끌 찼어요.

그날 이후 기탄잘리는 하루에도 몇 번씩 물을 마실 때는 물론 양치하고 입을 헹굴 때, 샤워할 때도 플린트 시의 아이들이 떠올랐어요. 어떤 친구들에게는 이토록 평범한 일상이 허락되지 않는다니 가슴이 아팠어요. 그리고 생각했어요.

'어쩌면 내가 뭔가 할 수 있지 않을까?'

기탄잘리는 아홉 살이란 나이가 중요하지 않았어요. 유난히 호기심

이 많았던 기탄잘리는 일상에서 문제가 생기면 언제나 스스로 해결하려고 노력했거든요. 꽃가루 알레르기가 심해서 봄에 외출을 꺼리는 엄마를 위해 정전기를 이용한 꽃가루 여과 장치를 만들었고, 뱀에 물려 고통스러워했던 친구를 떠올리며, 뱀에 물린 사람들이 증상을 진단할 수 있도록 비대면 온도 기록법을 고안해 내기도 했어요. 친구들은 반짝이는 아이디어로 문제를 척척 해결하는 기탄잘리에게 '발명가'라는 별명을 붙여 주었지요.

 이번에는 또래 아이들이 납의 공포에서 벗어나도록 도울 차례였어요. 어느덧 피해 아이들이 수천 명대로 늘고 있었어요.

납을 연구하는 아이

"내가 뭘 가져왔게?"

엄마는 마치 생일 선물을 건네듯 기탄잘리에게 작은 상자를 내밀었어요.

"설마……."

상자를 열어 본 기탄잘리는 소리를 질렀어요. 제자리에서 깡충깡충 뛰는 딸의 모습을 지켜보던 아빠가 물었지요.

"대체 뭔데 그렇게 좋아하는 거야?"

"납이요! 드디어 납이 제 손에 들어왔다고요!"

"뭐? 납? 납을 그렇게 좋아한다고?"

서로 눈이 마주친 아빠와 엄마는 웃을 수밖에 없었어요. 딸이 얼마나 납에 빠져 살고 있는지 잘 알고 있었거든요.

 기탄잘리는 지난여름을 몽땅 도서관에서 보냈어요. 과학책을 읽으면서 납이 물속에서 어떻게 움직이고 반응하며, 그것을 어떻게 이용할 수 있는지 연구했어요. 또 중학교 수준의 화학 수업을 쫓아다니며 듣고, 관련 지식을 이해하려고 노력했어요. 플린트 시 사람들이 어떤 고충을 겪고 있는지 날마다 기사를 찾아보는 일도 빼놓지 않았어요.

 납 중독은 플린트 시뿐 아니라 미국 전역을 포함해 전 세계적으로도 심각한 문제였거든요. 이미 미국의 1만 세대 이상이 피해를 보고 있었지만, 대책이 나오기는커녕 많은 사람들이 문제의 심각성조차 모르고 있었지요.

기탄잘리는 서둘러야 했어요. 엄마에게 부탁해서 어렵게 구한 납으로 본격적인 연구를 시작했어요. 납을 먹는 수중 박테리아, 화학물질로 납을 없애는 방법 등 그동안 머릿속에 떠올렸던 아이디어를 실험으로 옮겨 보았어요. 하지만 모두 실패였지요. 고민이 깊어진 기탄잘리가 엄마에게 말했어요.

"물에서 납 성분만 없애면 되는 줄 알았는데, 그건 바보 같은 생각이었어요."

"그래서 포기할 거니?"

"아니요! 절대 포기하지 않을 거예요. 처음부터 다시 해 보려고요!"

이번에는 엄마에게 납 검출 테스트기를 구해 달라고 부탁했어요. 납은 물의 맛이나 냄새에 영향을 미치지 않기 때문에 물을 마시거나 눈으로 보아서는 알 수가 없어요. 납을 확인할 수 있는 유일한 방법은 테스트기를 사용하는 것이었지요.

다음 날 기탄잘리는 엄마와 함께 집 안 곳곳에서 나오는 수돗물을 각각의 용기에 담았어요.

"이렇게 모은 수돗물을 실험실로 보내야 한다고요?"

"그래, 결과가 나오기까지 최소 2주는 기다려야 해. 게다가 꽤 비싼 비용도 지불해야 하고."

"이보다 쉽고 간단한 테스트 방법은 없는 걸까요?"

"대부분 더 번거롭고 불편한 과정을 거쳐야 해. 그러니 일반 가정에서 수돗물을 테스트해 보기가 어려운 거야. 물에 납이 들었는지 안 들었는지도 모른 채 마셔야 한다니, 에휴…….”

엄마의 긴 한숨 끝에, 기탄잘리의 머릿속이 반짝였어요.

"바로 그거예요! 납을 완전히 제거할 수 없다면, 누구나 손쉽게 납을 검사할 수 있는 방법을 찾아야겠어요!"

기탄잘리는 마치 어두운 터널의 끝에 다다른 것마냥 마음이 후련했어요. 이날이 길고 긴 여정의 시작인 줄은 꿈에도 모른 채 말이에요.

제대로 된 결과물을 만들어라!

그날 이후, 기탄잘리는 납 성분을 검출하는 도구를 만드는 일에 매달렸어요. 기존의 검사 도구와는 완전히 다른 방식의 기술을 찾아내는 것이 목표였지요.

학교에서 배운 적 없는 화학 원소 기호와 각종 단위들을 해석하느라 많은 책과 웹사이트를 붙잡고 씨름해야 했어요. 도무지 이해가 되지 않을 때는 학교 선생님을 찾아가거나, 대학교 연구실로 무작정 전화를 걸어 조언을 구하기도 했어요. 종종 거절 답변이 와서 기운이 빠질 때도 있었지만 좌절하지 않았어요. 중요한 것은 진짜 결과물을 만들어 내는 일이라고 생각했으니까요.

그렇게 반년의 시간을 보낸 다음, 미국 유명 공과 대학교의 웹 페이

지에 실린 과학 기사 하나가 기탄잘리의 마음을 사로잡았어요. 탄소 나노 튜브 센서를 이용해 공기 중에 떠다니는 유해 가스를 검출하는 신기술을 개발했다는 소식이었지요. 탄소 나노 튜브는 화학 변화에 민감한 탄소 원자로 만들어진 원통 모양의 분자예요. 그것을 발견한 순간, 엉켰던 매듭이 마법처럼 풀리는 것 같았어요.

'물에서도 탄소 나노 튜브를 쓸 수 있지 않을까?'

하지만 이 방법이 효과가 있을지 확신할 수 없었어요. 아이디어를 실현할 전문적인 실험실도 필요했어요. 기탄잘리는 당장 떠오르는 곳이 있었어요. 얼마 전 엄마와 함께 방문했던 시립 상수도 본부였지요. 미국 전역의 수돗물 샘플이 가득한 실험실을 보고 얼마나 가슴이 뛰었는지 몰라요. 하지만 박사님들이 연구하는 실험실이라 사용이 허락되지 않을 게 분명했어요.

며칠 뒤, 기탄잘리는 시립 상수도 본부의 연구실 앞에 서 있었어요.

"똑똑!"

방문을 노크하는 기탄잘리의 손이 가늘게 떨렸어요. 실험실 사용을 요청하는 이메일이 몇 차례나 거절당한 이후, 담당 박사님이 만나자는 연락을 해 온 거예요.

"어서 와!"

셀레나 박사는 직접 문을 열어 반겨 주었어요.

"도무지 포기를 모르는 어린 친구의 얼굴이 궁금해서 보자고 했어. 연구 계획서는 혼자서 만든 거야?"

기탄잘리는 탄소 나노 튜브를 사용한 기술 아이디어와 실험 일정표를 포함한 계획서를 정성껏 만들어 메일을 보냈어요.

　"비록 나이는 어리지만 제가 할 수 있다는 의지를 보여 드리고 싶었어요."

　"대단한걸? 그런데 어떻게 플린트 시 문제에 관심을 갖게 됐어?"

　"누구나 깨끗한 물을 마실 권리가 있잖아요. 그런데 많은 사람들이 납이 얼마나 들어 있는지도 모른 채 수도를 사용하고 있다는 게 화가 났어요. 더구나 우리 어린이들은 식수를 오염시킨 책임이 조금도 없는데, 왜 피해를 당해야 하죠?"

기탄잘리의 목소리가 커졌어요. 셀레나 박사는 생각이 많은 얼굴로 기탄잘리에게 물었어요.

"한참 놀고 싶은 나이잖아. 왜 이렇게 어려운 일을 하려고 하니?"

"아무도 하지 않으면 제가 해야 한다고 생각해요. 우리 세대의 문제니까요. 사람들에게 도움이 되는 진짜 결과물을 만들고 싶어요."

셀레나 박사는 얼굴에 웃음을 지으며 기탄잘리에게 손을 내밀었어요.

"언제든 실험실을 사용해도 좋아."

"네? 허락해 주시는 건가요?"

"물론이야. 멋진 결과물이 나오길 응원할게."

"감사합니다! 꼭 좋은 결과물을 보여 드릴게요."

침착하게 연구실을 나온 기탄잘리는 집에 도착하자 기쁨의 소리를 질렀어요. 문제 해결을 위해 한 발 더 나아갔다는 사실이 정말 짜릿했거든요.

중요한 것은 절대 포기하지 않는 거야

"끝까지 할 수 있겠니?"

지난 1년 동안 기탄잘리가 가장 많이 들었던 말이에요. 누구보다 실험실에서 많은 시간을 보냈지만, 수많은 테스트가 실패를 거듭했고, 연구 일정은 계속 미뤄지고 있었거든요. 그럴 때마다 기탄잘리는 고통받는 플린트 시의 아이들을 떠올렸어요. 그리고 힘차게 외쳤어요.

"중요한 것은 절대 포기하지 않는 거야. 난 할 수 있어!"

기탄잘리는 이 주문 덕분에 길고 지루한 시간을 버틸 수 있었는지도 몰라요. 머릿속이 깜깜해졌다가도 다시 실험을 시작할 수 있는 힘이 생겼거든요.

그러던 어느 날 아침, 기탄잘리는 새로운 영감이 떠올라 침대에서

 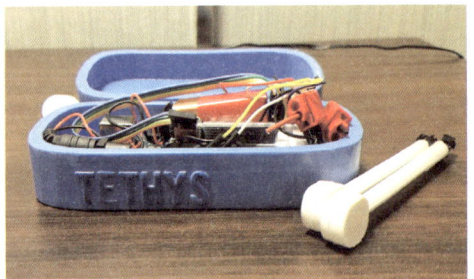

라오가 발명한 납 성분을 감지하는 장치 테티스 ⓒ Gitanjali Rao

 벌떡 일어났어요. 집 한쪽 구석에 방치되어 있던 블루투스 스피커 상자를 꺼내서 분해하기 시작했어요. 원통형 상자에 블루투스 칩을 연결하니 비로소 첫 견본 장치가 탄생했지요. 부담스러운 크기에 멋진 모양은 아니었지만, 장치를 어떤 식으로 만들지 감을 잡기에는 충분했어요. 크기와 무게를 줄이기 위해 또다시 끝없는 연구가 이어졌고, 마침내 작고 가벼운 휴대용 기기를 완성했어요. 기탄잘리는 자랑스러운 첫 결과물을 부모님에게 가장 먼저 소개했어요.

 "이름은 테티스예요. 그리스 신화에 나오는 바다의 여신 이름을 붙였어요."

 "멋진 이름이구나! 테티스로 납을 검출할 수 있다고?"

 "네! 종이 형태의 탄소 나노 튜브 센서를 물에 담그면 블루투스로 스마트폰에 연결돼요. 제가 개발한 앱에서 즉시 결과를 확인할 수 있어요. 결과는 안전, 약간 오염, 위험의 단계로 표시되도록 했어요."

 테티스가 스마트폰 앱으로 결과를 전송하는 과정을 눈으로 본 부모님은 감탄했어요.

"와, 정말 쉽고 빠르고 정확하게 오염 정도를 확인할 수 있구나."

"가지고 다니기도 쉽고, 무엇보다 비싸지 않아요."

"정말 놀랍구나! 끝까지 포기하지 않고 결과물을 만들어 내다니, 정말 자랑스러워."

기탄잘리의 끈질긴 연구 과정을 곁에서 지켜본 부모님은 감동의 박수를 보냈어요. 하지만 기탄잘리는 박수를 즐길 여유가 없었어요.

"아직 끝나지 않았어요. 당장 플린트 시로 가야 해요!"

기탄잘리는 완성된 테티스를 들고 플린트 시의 한 광장에 도착했어요. 뙤약볕 아래 수천 명의 사람들이 길게 늘어서 있었어요. 정부에서 나눠 주는 한 달 치 생수를 배급받기 위해 기다리는 거였어요.

오랜 시간 줄을 선 사람들의 얼굴은 짜증과 피곤함으로 가득했어요. 기탄잘리는 그들에게 당당히 다가갔어요. 그리고 모두가 보는 앞에서 테티스의 성능을 직접 확인시켜 주었지요.

"깨끗한 수돗물을 마실 권리를 되찾을 수 있습니다. 아이들의 안전을 지켜 주세요!"

기탄잘리의 말에 많은 사람들이 놀랍고 반가운 기색을 감추지 못했어요.

"기존의 검사 도구는 비싼 데다 정확하지도 않아서 쓸 수가 없었는데, 테티스가 빨리 시중에 판매되면 좋겠다."

"학교나 가정에서 한 달에 한 번씩 사용할 수만 있어도 마음을 놓을 수 있을 것 같아."

"어른이 해결하지 못한 일을 어린애가 해내다니 믿기지 않아. 감동이야!"

기탄잘리는 진심으로 기뻐하는 사람들의 모습을 지켜보며 다음 할 일을 생각했어요.

'테티스를 상품화하려면 누구의 도움이 필요하지?'

'의무적으로 납 검출 검사를 하도록 법을 바꿀 수는 없을까?'

여전히 갈 길이 멀지만 기탄잘리는 지치지 않았어요. 세상을 돕고 싶은 마음이 더 크게 자라났으니까요.

반가워, 기탄잘리!

Q 끈기 있는 연구 정신에 정말 감탄했어! 어려운 화학 연구를 어떻게 끝까지 해낼 수 있었어?

A. 처음엔 이론도 모르고, 어디에서 적절한 조언을 얻을 수 있는지도 몰라 답답하고 막막했지. 하지만 인터넷과 도서관에서 자료를 찾고, 관련 강의를 듣고, 대학교수님들에게 조언을 구하면서 끝까지 해낼 자신감을 얻었어. 비싼 장비나 전문적인 실험실이 필요한 게 아니야. 마음속의 열정과 '나는 할 수 있다.'라는 긍정적인 자신감을 갖고 도전해 봐!

Q '테티스'는 첫 개발 이후 얼마나 더 발전했는지 궁금해!

A. '테티스'가 세상에 알려진 이후 큰 회사에서 투자를 받았어. 불소를 써서 탄소 나노 튜브 센서가 더 민감해지도록 했지. 불소는 물에 있는 다른 어떤 물질보다 납에 잘 반응하기 때문에 더 정확한 결과를 얻을 수 있어. 현재 시중에 나온 어떤 기기보다 빠르게 납을 검출해 오염 정도를 알려 준다고 확신해. 가난한 나라 사람들을 위해 더욱 저렴하면서도 정확한 제품을 만드는 방법도 연구 중이야.

Q 세상을 깜짝 놀라게 한 발명으로 상도 많이 받았지?

A. 플린트 시 아이들과 주민들을 도우려던 것뿐인데, 영광스럽게도 많은 상을 받게 됐어. 열한 살에는 '미국 최고의 젊은 과학자상'과 '환경 보호 대통령상'을 받았고, 2020년에는 지역사회의 문제를 해결하고 사회적 혁신에 기여한 공로를 인정받아 미국 타임지에서 선정하는 '올해의 어린이'에 최초로 선정되기도 했어. 수상 이력 때문에 내가 더 멀게 느껴진다고? 아니야. 내가 할 수 있다면 누구나 할 수 있어!

타임지 표지를 장식한 기탄잘리
© TIME

Q 세상의 문제를 해결하는 데 앞장서는 너의 다음 발명품이 궁금해!

A. 스마트폰을 사용하는 십 대라면 사이버 폭력 문제에 대해 많이 공감할 거야. 이 문제로 고민하는 친구들을 돕기 위해 사이버 폭력을 미리 감지하는 앱 '카인들리(Kindly)'를 개발했어. 이 서비스의 목적은 처벌이 아니야. 폭력적인 단어나 표현에 대해 사용자가 한 번 더 생각하고 주의할 기회를 주는 거야. 나는 발명을 통해 여러 사회 문제를 해결하고, 사람들의 삶을 바꾸고 싶어. 우리의 노력이 이 세상을 더 낫게 만들 수 있다고 믿어.

기탄잘리가 개발한 카인들리 앱

깨끗한 물을 마실 권리

왜 깨끗한 물이 모자랄까요?

물을 긷기 위해 대여섯 시간을 걷는 아이들 ⓒ 한국희망재단

상수도 시설이 부족한 아프리카 같은 가난한 나라들은 깨끗한 물이 부족해 어려움을 겪고 있어요. 최근 기후 위기로 인한 가뭄이나 홍수를 겪으면서 문제는 더욱 심각해졌어요. 깨끗한 물을 사용하지 못하면 면역력이 약한 아이들에게 큰 문제가 생겨요. 아이들이 더러운 물을 마시거나 사용하면 설사, 콜레라, 장티푸스와 같은 질병에 쉽게 노출되고 심한 경우 목숨을 잃기도 해요.

미국 아이들조차 가질 수 없었던 깨끗한 물

미국에서도 깨끗한 물이 부족해 심각한 위기를 겪었어요. 지난 2014년, 기탄잘리가 문제 해결에 나섰던 플린트 시 사건이에요. 플린트 시는 돈을 아끼려고 상수도 공급처를 가까운 디트로이트 시에서 플린트 강으로 바꾸었어요. 그 뒤 주민들은 수돗물에서 악취가 난다며 불만

플린트 시의 납 수돗물 사태를 보여 준 타임지 표지
© TIME

을 제기했고 검사 결과 상당히 많은 양의 납 성분이 수돗물에 들어 있었지요. 그사이 약 8,000명의 어린이가 납 수돗물을 마셨고, 납 중독 증상을 보이는 어린이 환자들이 늘었지요. 또 많은 주민들이 구토와 피부염, 탈모 등 건강 이상을 겪었어요. 심지어 워싱턴 DC, 뉴저지 등의 낡은 수도관에서도 납이 검출되면서 사람들이 공포에 떨었답니다.

우리나라가 물 부족 국가라고요?

우리는 깨끗한 물을 쉽게 구할 수 있기 때문에 물의 중요성을 자주 잊게 되지요. 하지만 무분별한 개발로 환경이 파괴되고 강과 바다가 오염되면서 먹을 수 있는 물이 점차 줄고 있어요. 또한 우리나라는 국토의 크기에 비해 인구가 많고, 강수량이 여름에 집중되어 있어 물이 부족해요. 2050년에는 물 부족 국가가 될 것이란 전망도 있어요. 물을 너무 함부로 쓰고 있지는 않나요? 우리가 살아가는 데 꼭 필요한 물, 물의 소중함을 잊지 말고 일상에서 물을 아끼는 습관을 길러 보세요.

이름: 아미카 조지
국적: 영국
주특기: 친구의 고민에 귀 기울이기
특명: 말 못 할 비밀로 고통받는 소녀들을 구하라!

6
빨간 옷을 입은 소녀들
- 아미카 조지 -

> 어떤 소녀들은 생리 때문에 교육의 기회와
> 꿈을 이룰 수 있는 기회를 놓치는 것은 물론
> 사회적인 소외감마저 느낀다는 사실이
> 나를 화나게 만들었습니다. 내가 특별하다고
> 생각하지 않아요. 열정과 추진력이 있다면
> 누구나 변화를 이끌어 낼 수
> 있다고 믿어요.

_아미카 조지

소녀들의 비밀

"집에 무슨 일이라도 생긴 거야?"

쉬는 시간, 아미카는 엘라를 찾아가 그녀의 대답을 재촉했어요. 일주일이나 결석하고도 이유를 말해 주지 않으니 너무 답답했거든요.

"나한테 말 못 할 비밀이 대체 뭐냐고……. 응?"

엘라는 이번에도 애매한 웃음만 지을 뿐이었어요. 엘라의 장기 결석은 이번이 처음이 아니었어요. 지난여름부터, 그러니까 넉 달 이상을 매달 일주일가량 무단결석을 했지요. 더구나 지난주 시험 기간마저 통째로 빼먹다니, 아무래도 큰 문제가 생긴 것 같아요. 하지만 도통 말을 해 주지 않으니, 엘라가 걱정되었다가 화도 났어요. 아미카는 반쯤 포기하는 마음으로 집으로 가던 길에 엘라가 보낸 문자

메시지를 받았어요.

| 나 생리대 살 돈이 없어서…… | 엘라 |

생리대가 없어서 학교를 못 왔다고? 도무지 이해할 수 없는 말이었어요.

'나한테 빌려 달라고 하면 되잖아!'라고 답장을 보내려다 황급히 지웠어요. 서랍 속에 엄마가 채워 준 생리대를 아무 생각 없이 꺼내 써 오던 아미카는 한 번도 고민해 본 적 없는 문제였지요. 엘라의 형편이 넉넉하지 않은 건 짐작했지만 생리용품을 살 수 없을 정도라니.

모범생 엘라가 결석을 반복하면서 혼자 끙끙 앓았을 날을 생각하니 가슴이 무너져 내리는 것 같았어요.

그날 밤, 아미카는 잠을 이룰 수 없어 인터넷 커뮤니티의 익명 게시판에 질문을 올렸어요.

생리대 없어서 결석해 본 사람 있어?

얼마 후, 익명의 댓글이 줄줄이 달렸어요.

- **돈 없어서 생리대 한 개로 하루 내내 버티다 치마에 새는 바람에 엄청 쪽팔렸어. 그 뒤로 생리 때는 그냥 결석해 ㅠㅠ**
- **친구들한테 생리대 빌려 쓰고 거지 취급 받느니, 아프다고 결석하는 게 마음 편해.**
- **편의점에서 생리대 훔치다가 주인한테 걸렸어. 학교에 고발하는 바람에 창피해서 자퇴해 버렸어.**

꼭 필요한 생리대조차 가질 수 없는 형편의 소녀들은 갖가지 방법으로 문제를 해결하고 있었어요. 낡은 티셔츠나 양말을 찢어서 팬티에 붙이거나 공중화장실에 있는 휴지를 몰래 가지고 와서 해결했다는 등 충격적인 사연들이 쏟아졌지요. 생리 때마다 결석을 반복하다가 결국 공부를 포기해 버렸다는 댓글에는 순식간에 많은 공감 버튼이 달렸어요.

　아미카는 여성의 생물학적 특징이 모두에게 평등해야 할 학습의 기회를 방해한다는 사실에 머리를 크게 한 대 얻어맞은 기분이었어요. 관련 기사를 검색하니 영국의 소녀 열 명 중 한 명이 경제적인 문제로 생리 기간에 어려움을 겪는다는 소식이 있었어요. 하지만 정부의 대책은 전혀 찾아볼 수 없었지요. 영국은 세계에서 손꼽히는 부자 나라인데도 이렇게 손을 놓고 있다니, 속에서 뜨거운 것이 울컥울컥 올라왔어요.

　'문제를 아는 어른들조차 왜 행동하지 않지? 정부는 뭘 하고 있는 거지?'

　아미카는 밤새 손가락을 움직여 무언가를 적었어요. 분노는 쉽게 사그라들지 않았지요.

침묵하는 사람들

아미카는 오후 내내 모니터 앞에 앉아 새로고침 버튼을 누르고 또 눌렀어요. 인터넷에 온라인 청원 글을 게시한 지 며칠이 지났는데도 서명 인원이 백 명 정도에 머물고 있었거든요.

영국의 온라인 청원은 서명 인원이 만 명을 넘으면 정부가 답변해야 하고, 십만 명을 넘으면 의회에서 논의하도록 되어 있어요.

'왜 서명 인원이 늘지 않지? 뭐가 문제일까?'

며칠 전 밤을 새워 쓴 글을 다시 읽어 보았어요.

영국 소녀들이 생리대를 살 여유가 없어 학교에 가지 못하고 스트레스를 받고 있습니다. 다달이 일주일씩 결석하는 소녀들은 공부도 뒤쳐질 수밖에 없습니

다. 이 문제가 지속적으로 발생하면 소녀들은 꿈을 이루는 것조차 포기해야 합니다. 너무 부당한 일 아닌가요? 소녀들에게 생리는 선택의 문제가 아닙니다. 우리가 통제할 수 없는 생리 현상이 왜 인생의 장애가 되어야 하나요?
가장 심각한 것은 정부의 침묵입니다. 우리처럼 부유한 나라에서 이와 관련한 아무런 정책이 없습니다. 정부가 저소득층 여학생들에게 생리용품을 무료로 제공하도록 하는 청원을 시작하고자 합니다. 제 청원에 공감하는 많은 분들의 서명을 기다리겠습니다.

이대로 기다릴 수만은 없었어요. 인터넷 커뮤니티와 SNS를 총동원해 서명에 동참해 달라고 호소했어요. 곧바로 반응이 오기 시작했어요. 댓글이 연달아 달렸어요.

↳ 여자들 생리 이야기가 청원으로 등장하다니! 부끄럽지도 않나?
↳ 개인적인 문제를 국가한테 해결해 달라는 건 지나친 듯. 여자들끼리 서로 도와 해결하라!

예상치 못한 댓글에 아미카의 손이 벌벌 떨렸어요.
'생리가 부끄러운 것인가?'
'여성만의 문제로 보는 것은 부적절하지 않나?'
마음속의 외침을 어떻게 전달해야 할지 머리가 복잡했어요. 그 순간에도 댓글은 계속 늘어났어요.

┗ **여학생에게 생리대를 주는 대신 남학생에게 면도기를 주면 인정!**
┗ **뭐래? 수염 못 깎는다고 학교 결석하는 거 아니잖아?**
┗ **누가 여자로 태어나래? ㅋㅋ**

댓글 창은 어느새 여자 대 남자로 편을 갈라 막말을 쏟아 내고 있었어요. 아미카는 이 방법으로는 문제를 해결할 수 없다는 걸 깨달았어요.

'내가 너무 성급했던 걸까?'

하지만 이대로 포기할 수는 없었어요. 엘라의 슬픈 얼굴과 소녀들의 울분 섞인 댓글이 머릿속을 자꾸만 맴돌았어요.

소녀들이여 모여라!

"공개적인 자리에서 생리를 구호로 외치라고? 상상만 해도 창피해!"

"좋은 취지인 건 알지만, 난 멀리서 응원만 할게."

아미카는 거리 행진을 통해 무상 생리대 캠페인을 벌이기로 했어요. 처음엔 일인 시위를 생각했지만, 생리 자체를 부정적으로 보는 사람들의 마음을 움직이려면 많은 인원이 동참해야 한다는 결론을 내렸어요. 하지만 선뜻 나서는 친구가 없었어요. 그렇다고 물러설 아미카가 아니었지요.

"우리부터 생리는 자연스러운 현상이라고 당당하게 외쳐야 해. 생리를 비밀스럽고 수치스럽게 보는 문화를 없애야만 무상 생리대 정책을 이끌어 낼 수 있어."

친구들은 생각이 많은 얼굴이었지만 누구도 쉽게 나서지 못했어요.

"생리가 정말 부끄럽고 더러운 거라고 생각해? 생리라는 말을 입에서 내뱉는 것조차 나쁜 일일까? 생리는 지극히 자연스러운 현상인데, 왜 쉬쉬해야 하지?"

급기야 아미카의 목소리가 높아졌어요. 그때 한 친구가 조용히 말을 꺼냈어요.

"생각해 보니 좀 이상하지 않아? 친구나 자매끼리도 생리대를 빌릴 때면 목소리를 낮추거나 수신호를 이용했던 게……. 왜 그랬을까? 우리 몸의 정상 신호인데 말이야."

"배가 아파서 조퇴를 해야 했는데 담임 선생님이 남자면 말을 꺼내기 어려워서 참았던 적도 있었어. 혹시 생리한다고 생각할까 봐……."

"왜 우리조차 생리 이야기가 나오면 불편했을까? 남들한테 들켜서는 안 되는 일을 하는 것처럼 말이야."

친구들은 앞다퉈 자신이 겪은 일들을 쏟아 냈어요. 조용히 있던 엘라도 말을 보탰어요.

"맞아! 결석 사유가 생리 때문이라고 말하지 못했던 건 가난보다도 생리가 창피했기 때문이었어. 아무 도움도 요청하지 못하고 부끄럽게만 생각한 나 자신에게 화가 나."

엘라는 눈에 눈물이 가득 고인 채로 말을 이어갔어요.

"아미카, 나 거리 행진에 나갈래!"

곧이어 다른 친구들도 함께하겠다고 나섰어요. 그렇게 소녀들은 한 마음이 되어 시위 준비를 시작했어요.

"다 같이 붉은색 옷을 입으면 어떨까? 주제를 알리기도 쉽고, 눈에도 확 띌 것 같은데?"

"아미카, 정말 좋은 생각이다! 그간 숨겨 왔던 이야기를 이제는 자유롭게 드러내겠다는 의지를 확실히 보여 줄 수 있을 것 같아!"

"참여 인원이 많을수록 더 효과적일 거야. SNS로 우리 뜻에 공감하는 사람들을 모아 보자!"

아미카와 친구들은 이번 시위를 **#무상생리대** 캠페인으로 이름 짓고 SNS를 통해 적극적인 홍보에 나섰어요. 날짜는 크리스마스 닷새 전, 드레스 코드는 붉은색, 그리고 각자 현수막을 만들어 올 것을 당부했

지요. 하지만 공개적으로 참가 의사를 밝히는 사람은 거의 없었어요. 게시물에는 그들을 비웃는 악플도 여전했지요.

그렇게 소녀들을 향한 세상의 침묵은 계속되고 있었어요.

# 빨간 옷을 입은 행진

영국 총리 관저 앞에 위치한 다우닝 스트리트는 평소에도 시위로 붐비는 곳이었어요. 크리스마스를 닷새 앞둔 이날은, 얼어붙은 날씨만큼이나 광장이 썰렁했어요. 교복 대신 빨간 옷을 입은 아미카와 친구들만이 약속된 시간을 기다리고 있었어요.

"손과 귀가 얼어붙을 것만 같아. 이렇게 추운데 사람들이 올까?"

"이제 한 시간밖에 안 남았어. 아무도 안 오면 어떡하지?"

매서운 겨울바람에 덜덜 떨던 친구들은 걱정을 늘어놓았어요.

"비록 사람들이 오지 않더라도 행진은 포기하지 말자."

아미카도 큰소리쳤지만 내심 긴장되기는 마찬가지였어요. 우리의 생각을 널리 알릴 수 있는 기회가 주어지기만을 마음속으로 간절히

빌었어요. 그때였어요. 사방에서 붉은 물결이 서서히 다가오고 있었어요. 조심스럽게 모습을 드러낸 소녀들이 순식간에 광장을 가득 채웠어요. 수백 명에 달하는 숫자였어요. 기적 같은 일이었지요.

"생리는 여성만의 문제가 아닙니다. 우리는 생리가 부끄럽지 않습니다!"

아미카는 맨 앞에 서서 힘껏 목소리를 높였어요. 수백 명의 소녀들이 그 뒤를 따라 행진을 시작했지요. 어느새 추위도 잊고 각자 만든 현수막을 높이 들었어요.

"영국 소녀 열 명 중 한 명이 생리대를 못 사고 있다!"
"정부는 무상 생리대를 제공하라!"
"가난한 소녀들에게 학습권을 보장하라!"

소녀들의 행진은 런던 한복판까지 진출했어요. 거리의 시민들은 생전 처음 듣는 시위 구호와 붉은 물결에 당황한 눈치였지요. 아미카는 더욱 절절하게 호소했어요.

"생리대를 살 돈이 없어 학교에 결석하는 아이가 없어야 합니다! 그들이 공부할 수 있고, 꿈꿀 수 있는 기회를 빼앗지 말아 주세요. 정부는 소녀들에게 무료로 생리용품을 제공해야 합니다!"

잠시 얼어붙었던 시민들 사이에서 하나둘 박수가 쏟아졌어요. 많은 사람들의 응원 속에서 행진이 무사히 마무리되었지요.

진짜 기적은 이제부터 시작이었어요. 소녀들의 행진 모습은 삽시간에 온라인으로 퍼졌고, 많은 사람들이 SNS에 **#무상생리대** 붙이며 공감을 표시했어요. 다음날 TV와 신문 등 수많은 뉴스에도 등장했지요. 누구도 관심 가져 주지 않았던 자신들의 이야기를 당당히 외친 소녀들의 용기와 이 모든 것을 기획한 사람이 열일곱 여고생 아미카라는 사실은 더욱 큰 주목을 받았지요.

　이제는 정부가 응답할 차례였어요. 아미카의 온라인 청원에 동의한 사람들의 수가 십만 명을 넘어섰기 때문이에요. 그리고 이듬해 봄,

마침내 영국 정부는 중고등학교와 대학교 여학생들에게 생리대를 무상 지급하겠다고 발표했어요. **#무상생리대** 캠페인이 얻어 낸 놀라운 성과였지요. 정부의 답이 도착한 날, 아미카는 천여 명의 소녀들 앞에 서 있었어요.

"이것은 시작에 불과합니다. 영국을 넘어 지구의 모든 소녀들이 생리 문제로 눈물 흘리지 않도록 우리는 계속 싸워야 합니다!"

소녀들의 붉은 물결은 또다시 거리를 물들였어요. 아미카의 행진은 더 먼 곳을 향해 오늘도 이어지고 있어요.

반가워, 아미카!

Q. 아미카가 만든 캠페인이 기적 같은 성과를 냈는데, 소감이 어때?

A. 캠페인 이후 생리에 대한 사회적 논의가 활발하게 이루어지는 걸 보면 보람을 느껴. TV나 신문, 학교에서도 생리에 대해 이야기하는 게 더 자유로워졌거든. 실제로 많은 친구들이 선생님들과 생리에 대해 이야기하는 게 예전보다 편해졌다고 해. 또한 **#무상생리대** 캠페인에서 영감을 받은 십 대 소년들이 노숙 여성을 위해 생리용품 모으는 일을 시작했대. 여자들만의 문제가 아닌 모두가 함께 해결해야 하는 문제로 받아들이는 걸 보면서 정말 큰 힘이 되었어.

Q. 정부에서 무상 생리대 정책을 발표한 이후에 효과는 어때?

A. 정부가 중고등학교와 대학교에 생리용품을 무상으로 제공하면서 공부를 포기했던 많은 소녀들이 학교로 돌아올 수 있었어. 하지만 여기서 만족할 수는 없었어. 생리대에 부과하는 세금을 없애는 것과 초경 연령이 빨라지고 있는 만큼 초등학생에게도 혜택을 달라고 주장했지. 비록 긴 시간이 걸렸지만, 지금 영국에서는 생리대에 부과하던 세금이 없어졌고 초등학교 무상 생리대 정책이 시행되고 있어.

Q 십 대가 나서서 정부 정책을 바꾸었다는 점이 전 세계 사람들을 놀라게 했잖아. 어떻게 그런 용기를 가질 수 있었어?

A. 십 대는 아직 어린 나이일 수 있지만, 우리가 맞닥뜨리고 있는 문제에 대해서 정부에 충분히 제안할 수 있다고 생각해. 지역 의원에게 편지를 써서 새로운 정책을 촉구하거나 시위에 참석할 수도 있지. 또 우리에게 익숙한 SNS를 활용해서 내 생각을 다른 사람들과 공유할 수도 있어. 우리에게 필요한 일을 위해 우리 스스로 목소리를 내는 건 매우 중요해. 망설이지 말고 사회의 변화를 위해 한 발 내딛어 봐.

생리 해방 시위 포스터 ⓒ FREEPERIODS

Q 세계로 나아가 싸우겠다는 의지를 밝혔잖아. 앞으로 어떤 일들을 할 계획이야?

A. 아직도 세계 곳곳의 많은 소녀들이 생리용품이 없어 학교에 결석하고 있어. 가난한 아프리카는 물론이고, 영국과 경제 수준이 비슷한 부유한 나라에서도 일어나고 있는 문제야. 그래서 더 많은 곳에서 **#무상생리대** 캠페인을 외칠 거야. 모든 여성이 생리의 고통에서 해방되는 그날까지!

'생리 빈곤'은 사라질 수 있을까?

생리 빈곤 해결을 위해 노력하는 국제 사회

스코틀랜드는 생리 빈곤 해결을 위해 가장 폭넓은 정책을 펼치고 있어요. 2018년에 영국보다 먼저 모든 중·고·대학생에게 생리용품을 무료로 제공한 데 이어, 2022년에는 '생리용품법'이 발효되면서 세계 최초로 모든 사람이 무료 생리대 혜택을 받을 수 있는 나라가 되었어요. 뉴질랜드 총리는 "젊은이들이 교육의 기회를 놓치면 안 된다." 하면서 생리용품을 학생들에게 무상으로 공급하기로 했어요. 그 외에 프랑스와 미국 일부 주에서도 생리대 무상 제공 정책을 시행하고 있어요.

생리대가 여성들의 생활필수품인 만큼, 생리용품에 부과하던 세금을 없애거나 낮추려는 노력도 이어지고 있지요. 영국은 생리용품에 부과하던 부가가치세를 없앴고, 독일은 생리용품을 사치품이 아닌 '생활필수품'으로 분류해 세율을 낮추었어요.

스코틀랜드에서 '생리용품법'을 처음 제안한 모니카 레논 의원
© Monica Lennon

'깔창 생리대'의 아픔을 겪은 우리나라

무상 생리대 자판기를 설치한 모습 ⓒ Kerororo

우리나라에서도 생리 빈곤은 심각한 사회 문제예요. 2016년, 생리대를 살 돈이 없는 일부 여학생들이 생리대 대신 신발 깔창을 사용했다는 이야기가 알려지면서 커다란 사회적 논란이 되었어요. 이후 정부는 저소득층 여성과 청소년에게 생리용품을 지원하는 제도를 마련했지요. 하지만 소득 기준을 나누어 혜택을 주는 것은 당사자들에게 수치심을 안겨 줄 우려가 있기 때문에 지원 범위를 제한하지 말아야 한다는 지적도 있어요. 일부 지자체나 교육청에서 여성과 청소년들이 주로 머무는 학교나 공공 기관에 무상 생리대 자판기나 생리대 상자를 비치하고 있어요.

생리는 여성의 기본권과 관계 있는 만큼 모두의 관심과 노력만이 '생리 빈곤'을 퇴치할 수 있어요.

세상을 움직이는 소년 소녀
두번째 이야기

1판 1쇄 인쇄 2023년 1월 20일
1판 1쇄 발행 2023년 2월 10일

글 이선경
그림 이한울
발행인 손기주

편집팀장 권유선
편집 조현주　**디자인** 썬더키즈 디자인팀
인쇄 길훈 씨앤피　**세무** 세무법인 세강

펴낸곳 썬더버드
등록 2014년 9월 26일 제 2014-000010호
주소 경기도 의왕시 정우길47. 2층
전화 031 348 2807　**팩스** 02 6442 2807
ISBN 979-11-90869-66-9 (73330)

썬더키즈는 썬더버드의 아동서 출판브랜드입니다.

• 값은 뒤표지에 있습니다.
• 잘못된 책은 구입하신 곳에서 바꾸어 드립니다.

함께 만들어 가는 세상 13

우리가 사고 버린 옷들이 지구를 병들게 하고 있다
아는 만큼 보이고, 알아야 바꿀 수 있다
지구를 살리는 패션 이야기!

우리가 바꾸는 미래
지구를 살리는 패션 토크 쇼

우설리·고수진 글 | 안혜란 그림

**천연 패션, 비건 패션, 미니멀리즘 패션,
중고 패션, 업사이클링 패션, 공정 무역 패션.
지구를 살리며 멋지게 옷을 입는 방법!**

LIVE
우미리의
패션 토크 쇼와 함께

지구를 살리는 진정한 패셔니스타가 되어요!

계절마다 쏟아지듯 새로 만들어지는 옷들을 우리는 쉽게 사고, 또 쉽게 버리고 있어요.
그런데 이 옷들이 지구를 병들게 하고 있어요. 강을 썩게 만드는 염색 폐수,
살아 있는 동물의 털을 뜯어내는 잔인한 패딩과 모피,
불구덩이에서 유해 물질을 내뿜는 안 팔린 옷, 땅과 바다를 오염시키는 옷 쓰레기 산.

★★★

더 이상 옷이 지구를 망가뜨리게 둘 수 없어요.
이제 생각 없이 아무렇게나 옷을 입으면 안 돼요!
환경을 생각하며 멋지게 옷을 입는 방법, 소중한 지구를 살릴 방법을 찾으러 가요!

썬더키즈
thunder kids